명랑 과부

오정란 산문집

명랑 과부

오정란 산문집

프롤로그

남편이 떠나고 사람들이 위로를 하기 위해 다녀갔다. 그중에는 참으로 오랜만에 얼굴을 보는 사람도 있어 나는 내가 과부가 된 것도 잊은 채 문상을 온 그들을 호들갑스럽게 맞이했다. 내가 보이는 반응에 같이 반가워하다가, '여긴 어디', '우리는 지금 뭘하고 있지' '아, 어떡해?' 라는 말이 시작되는 순간, '아차, 그렇지, 내가 과부가 된 거지' 라는 현실로 돌아올 수 있었다.

과부는 어떠해야 하는가? 잠깐씩 나는 생각에 잠기곤 했다. 처음 겪은 일은 늘 당황스럽기 마련이다. 참으로 고된 감정의 골짜기를 뛰어다녔다. 지금으로부터 8년 전의 일이다. 달리는 차창으로 손을 내미는 버릇이 생겼다. 손가락 사이로 그 무엇이 빠져나간 것 같은 느낌이 서글펐지만, 낯선 곳에 홀로 서 있는 느낌이 어색했지만, 바람의 감촉은 지금 살아 있음을 알게 했다.

남편은 내게 누구와도 견줄 수 없을 만큼 소중한 사람이었을까? 그, 남편, 세 아이의 아빠, 나에게 아내라는 호칭을 준 사람,

세 딸의 엄마인 나에게 생활근육을 갖게 해주었으며, '좀 더 너답게'라는 내면의 목소리를 선물로 주었으며, 자유로운 나에게 책임을 가르쳐준 사람이니 이 정도면 소중한 사람일 수 있겠다. 천당과 지옥 사이의 감정을 직면시킨 가혹한 스승이었으니.

이미 오래전부터 가장으로 살았음에도 나는 경제적 자립이 어려운 그 과부를, 올드한 과부를 재현하고 있었나 보다. 그럼에도 나는 과부란 말이 좋다. 과부를 등쳐먹으면 삼대가 망한다는 속담을 술잔에 섞어 마시며 안주 삼아 이야기하는 것도 좋아한다. 미망인이니 싱글맘이니 이런 말은 왠지 내게는 짝퉁 같은 느낌이다. 과부의 청승맞은 이미지를 놓고 깔깔거리며 맘껏 놀리고도 싶다. 같은 경험을 했건 다른 그늘을 가졌건 간에 신나게 있는 그대로의 '서로'인 채 어울려 살고 싶다. 그러다 보니 내 입에서 과부란 말이 심심치 않게 나온다. 과부 몇 년 차라고 소개하는 그 순간 무언가 환기되는 에너지가 생긴다. 명랑한 과부로 살되, 맹랑한 과부로는 살지 말자고 스스로 정리하는 시간이 과부의 연차만큼이나 쌓여 경력이 되었다. 그 어떤 경력보다 막강한.

나는 신분이 회복된 명랑 과부다. 상실감에 넘어지기보다는 슬픔을 표현할 힘을 나누며 살아가고 싶다. 나에게 손을 내미는 누군가와 그리고 내가 먼저 기꺼이 손을 내밀 수 있는 용기로.

2018년 겨울
오정란

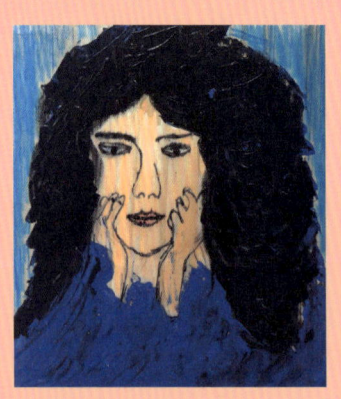

차례

프롤로그 005

제1부 당신은 어떤 사람이야?
013 행복한 센터 앞 공터
020 missing you
024 사랑의 조건
032 백마강 달밤에
038 요니는 구원투수
046 겨울, 극장
055 남편이라는 남자
061 찌니의 손목시계
069 엄마를 사랑하지 않을 권리
077 당신은 어떤 사람이야
080 살리는 말
083 자신감 도둑

제2부 해님 달님

089 꽃구경 가는 길
092 무엇이 중헌디
095 해님 달님
104 운주사의 결단
111 선물
118 관계노동
121 란이야
126 말을 걸어봅시다
129 내 인생의 책
133 삼월에
136 자전거
139 아버지의 노래
142 좋은 부모 나쁜 부모
146 당신 안의 길, 내 안의 길
149 사랑도 명예도
152 충분히 좋은 삶

제3부 참 잘한 일

157 첫눈
164 그녀에게 가는 길
167 사월 어느 날
174 당나귀 꽃을 아세요?
181 댄싱퀸
184 잘 지내시는 거지요?
187 안토니오에게 이메일 주소를 묻다
194 용기(勇氣)로부터
197 카를교에서 소원을 빌다
205 그곳으로 소풍 가자
208 연애의 길목
214 내 이름은 튤립
217 엽서
220 참 잘한 일

제1부
당신은 어떤 사람이야?

나는 그와 행복해지고 싶었으며 그와 나란히 인생이라는 길을
끝까지 종주하고픈 바람이 있었다.
우회할 것이 아니었다.
좀 더 다정하게 좀 더 평화롭게 그의 마음에 손을 대었어야 했다.
그렇게 하지 않은 것이 회한으로 남아있다.
그렇다고 다시 그가 살아온다면 할 수 있을까.
그럴 수 있을까?

행복한 센터 앞
공터

 길은 조용했다. 두 대의 차가 비켜서기에도 좁은 길은 운전석을 기준으로 왼편으로 포도밭이 있고 오른쪽으로 즉 포도밭 맞은편에 아담한 집들이 대문을 나란히 하고 있었다. 포도밭과 아담한 집들을 지나면 막다른 T자 골목이 나타난다. 좌회전 우회전만을 할 수 있는 골목 중앙에는 언덕이 있다. 나지막한 언덕을 바라보며 3층 건물 두 채가 서 있다. 행복한 센터라는 간판으로 미루어 보아 아마도 노인요양시설 쯤으로 보인다. 건물은 아이보리 빛깔의 벽돌과 검정 빛깔이 나는 벽돌이 마치 바둑판을 연상케 했다. 1층은 주차장으로 뻥 뚫려있어서 답답함을 주지 않았다. 2층과 3층을 나누는 층마다 앞쪽으로 두 개의 창이 나 있고, 왼편과 오른편에도 창이 네 개씩 나 있다. 창틀에는 진홍색 다알리아

꽃들이 하늘색 플라스틱 기다란 화분에 소곤소곤 피어 있었다.
언덕 중앙에 나무 한 그루가 서 있다. 언덕을 오르는 앞 쪽의 공터에는 승용차 세 대 정도 주차할 수 있는 공간이 또 있다. 평평한 평지였음에도 불구하고 나에게 그곳은 움푹 패인 웅덩이로 기억된다.
그날 나는 그곳에 차를 세우고 펑펑 울었다. 그를 보내고 나서도 나는 너무도 멀쩡한 얼굴을 하고 있었다. 그 모습이 너무도 가여워서 나는 조금이라도 시간이 나면 차를 몰고서 그곳으로 갔다. 내가 일하는 상담소에서 10분 거리에 있는 그곳은 내가 찾아낸 나만의 장소였다.
일상의 장면에서 나는 되도록이면 이성적으로 생각하려 애를 썼다. 감정의 둑이 무너지면 걷잡을 수 없으리라는 두려움이 커서 스스로를 통제하며 하루하루 시간을 버티고 있었는지도 모른다. 남편이 가고 나서 한 달이 지나고 있을 때였다. 나는 더 이상 미룰 수 없는 일을 처리해야만 했다. 그가 이 세상 사람이 아님을 알리는 일이었다. 그가 가입한 것을 정리하고 그가 살았던 집을 정리하고 그가 미처 처리하지 못한 것들을 정리하는 일은 그 누구도 해줄 수 없는 일이었다. 사실, 누군가에게 맡기고 싶을 만큼 그 일을 처리하는 것이 싫었으며 무서웠다.
국민의료공단에 가서 그의 존재 폐기를 알리는 일, 그의 죽음을 증명해야 하는 일은 곧 그가 더 이상 내 옆에 아이들 곁에 없다는 사실을 서류로 남겨야 하는 일이었다. 또한 망자를 붙들고 살아야 하는 불쌍한 사람으로 읽혀지고 있다는 느낌 앞에 벌을 서는 일이기도 했다. 그래도 주민센터와 국민의료공단은 견딜 만했다. 사망 신고 과정에서 그가 진료를 받은 사실이 필요했다. 그가 실려 온 병원, 그리고 그가 한 달간 받은 진료 기록들이 필요했다. 담당 의사를 만나러 가야 했다.

떨어지지 않는 발걸음을 옮겨 조심스럽게 진료실 문을 열고 들어가자, 젊은 의사가 눈으로 자리를 권했다. 컴퓨터 화면으로 진료 기록을 보던 의사가 말했다.

"그분 위험했는데……, 술은 끊으셨나요?"

"더 마시면 위험하다고 했는데, 좀 어떠신가요?"

의사의 목소리에는 걱정이 묻어 있었다. 아내의 내가 신경을 쓰고 있는지를 눈으로 묻고 있었다. 나는 입을 뗄 수가 없었다. 차마 그가 죽었다는 말을 할 수도 없었다. 그의 부재가 다시금 확인되자 가슴속에서 뜨거운 것이 한 움큼 올라왔다. 나는 내가 할 수 있는 모든 것을 동원해 터져 나오는 무언가를 참으며 진료실을 나왔다. 진료실 문을 닫으면서도 이름 모를 그 붉은 불덩이가 터져 쏟아질 것 같아서 안간힘을 쓰며 주차장으로 갔다.

그는 자신이 죽을 거라는 것을 알고도 그토록 술을 마신 것인지 우리 곁을 떠날 만큼 술이 그토록 좋았는지. 머릿속이 빙빙 돌기 시작했다. 생각이 꼬리를 물고 일어나 머리가 깨질 듯이 아프고 어지러웠다. 이미 감정의 둑이 무너진 뒤였다. 어떻게 운전을 했는지 모르게 도착한 곳, 여기였다. 일순 시간이 정지되었다. 정지된 채 고요하게 고여 있는 이곳에서 나는 차를 세우고 펑펑 울었다. 울면서도 혹시나 내 울음소리가 새어나갈까봐 손은 라디오 버튼을 누른 채였다.

　내 귓속으로 흘러들어오는 노래. '그대 내게 행복을 주는 사람. 우리 가는 길에 햇살 비추면 행복하다 말해 주겠네. 이리저리 둘러봐도 제일 좋은 건 그대와 함께 있는 것, 그대 내게 행복을 주는 사람…' 노래는 끝없이 반복되고 있었다. 수천 번이라도 말해 줄 수 있었던 노랫말 같은 그 말을 나는 그에게 해줬던가, 해줬던가. 당신은 내게 행복을 주는 사람이라는 이 말을 해줬던가. 가슴이 먹먹해지다가 짓눌리기 시작했다. 이렇게 갈 줄 알았으면 그렇게 모질게 거리 두기를 했을까 싶었다. 눈물이 쉴 새 없이 흐르고 흘렀다.

내 눈물 앞에 나도 놀라며 눈앞에 놓인 풍경을 보았다. 커다란 나무가 보였다. 나뭇잎들이 떨어지고 있었다. 나무가 가만히 나를 바라보는 듯했다. 그리고 문득 돌아본 순간 내 눈을 붙잡은 곳, 행복한 센터였다. 그곳에서 날아오는 평화로운 에너지를 느꼈다. 가끔 창가를 스치는 하얀 머리, 느릿한 몸동작들을 보며 그리고 간혹 들리는 텔레비전 소리를 들으며 '아하, 나는 여기에 있구나, 살아있구나' 싶었다. 살아있다는 확인은 어쩜 일상성의 회복이 아닐까. 일상이 주는 안정감이 이토록 뼈저리게 전해질 줄이야.

남편과 나는 다른 곳을 보았다. 남편은 밖으로 손가락을 뻗는 사람이었다. 식당에서 밥을 먹더라도 기분 좋게 먹는 것이 불편한 사람이었다. 무언가를 지적하고 그 부분을 내게 알려줘야 되는 사람이었다. 남편은 술을 마시는 자리에서나 발그레한 웃음이 나오는 사람이었다. 술은 우리를 연결해주는 오작교 같기도 했지만 나는 늘 술을 마실 수는 없었다. 술이 좋아서 마신다기보다는 그와의 연결점을 찾기 위해 마신 도구였기에 남편이 술을 대하는 태도와는 달랐다. 언젠가 남편이랑 한바탕 싸우고 나서 "대체 나랑 왜 결혼한 거야?"라고 하자, "네가 술 마시는 것을 좋아하잖아"라고 말했다. 그랬다. 나는 정직하지 않았다. 내가 좋아하는 것은 술이 아니라 당신이라고, 네 안에 있는 것들이며, 네가 바라보는 곳이며, 너랑 같은 곳을 바라볼 수 있는지에 대한 것이었다고 나는 말하지 못했다. 술에 대한 무용담이나 술에 취해서 부드러워진 감정들을 미끼로 그는 나를 자기처럼 술을 좋아하는 사람으로 알았나보다. 나에게 술은 작업의 도구이자 소통의 도구로써 유용했음을 그는 몰랐던 것이다.

남편은 사회복지를 공부하는 중이었다. 별거 중에 내가 제시한 것을 따르기 위해서였을 거다. 일년 정도 일에 적응하면 합쳐 살자고 그에게 제안했었다. 그는 알콜릭 전문병원에 입원을 했었다. 그가 입원해 있었던 한 달 동안 나는 그를 만나러 가기도 했다. 술을 마시지 않은 그의 얼굴에는 살이 통통하게 올라 있었으며, 그의 어깨도 예전의 듬직함을 회복한 듯했다. 이십여 분의 면회가 끝나고 돌아서는 나를 따라 걸으며 그는 내 손을 힘주어 잡았다. 그의 절박한 눈빛에 반하여 나는 그의 손을 건성으로 잡았으며 지켜보겠다는 다짐 아닌 다짐, 마음을 다잡아야 한다는 결심 아닌 결심으로 무장했으니 말이다. 퇴원한 뒤에도 그와 나는 아이들의 엄마와 아빠로 만나기도 하고 무언가를 의논하기도 했다. 하교한 아이들은 아빠 집을 들러오기도 하고 아빠와 저녁을 먹고 오기도 했다. 가끔 남편은 내게 전화를 걸어서 아이들을 더 살뜰히 챙길 것을 말했고 아이들에게 들은 이야기들을 내게 전하기도 했다. 빈정이 상하기도 했지만 사실 남편의 전화 목소리엔 아이들을 챙기라는 말을 핑계로 무언가 나에게 전하고 싶은 다정함이 묻어있었다. 그는 변화하고 있구나, 서서히 그가 움직이고 있구나, 우리 곁으로 오고 있구나 싶었다. 그런데….

남편이 가고 나서 무엇이 제일 힘들었는가를 이야기할 기회가 가끔 있다. 그 이야기를 꺼낼 때면 그 장소가 떠오른다. 행복한 센터 공터 앞. 그는 내게 행복한 답을 주지 않았다. 행복을 주는 사람이라고 생각되지도 않았다. 그의 부재가 그것을 확연하게 내 눈앞에 직접적으로 직면하게 해주었다. 나는 그와 행복해지고 싶었으며 그와 나란히 인생이라는 길을 끝까지 종주하고픈 바람이 있었다. 우회할 것이 아니었다. 좀 더 다정하게 좀 더 평화롭게 그의 마음에 손을 대었어야 했다. 그렇게 하지 않은 것이 회한으로 남아있다. 그렇다고 다시 그가 살아온다면 할 수 있을까. 그럴 수 있을까?

7년이란 시간이 흘렀다. 시간이 이만큼 흘러와 있어도 가끔 그곳에 간다. 사무실도 옮기고 집도 이사를 했지만 봄 햇살이 좋은 날이나 여린 포도나무 이파리들이 손짓을 할 때면 발걸음을 느릿하게 하고 행복을 주는 사람을 흥얼거리며 그곳에 간다. 병원냄새가 아닌 시큼하고도 시원한 바람이 불어오는 그곳에서 잠시 나는 모든 전원을 끈다. 그에게, 딸들에게, 그리고 나에게 들려주는 노래를 부르며……

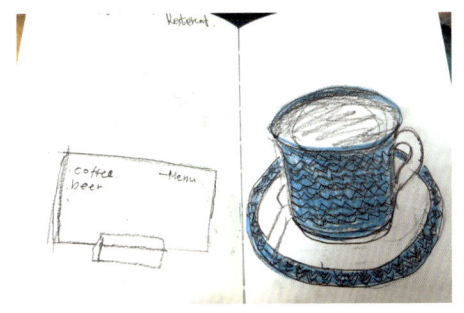

missing you

　　　　　　일주일 전 목요일, 이제 갓 스물이 된 아이가 오클랜드로 떠났다. 어학연수나 학업을 위해서가 아니다. 지구 반대쪽으로 아르바이트를 하러 날아갔다. 도착하자마자 아이는 "여기는 겨울이야."하며 샌들 신은 발을 들어 올리며 웃고 있는 사진을 핸드폰으로 보내왔다.

　워킹홀리데이를 뉴질랜드로 결정하기까지 자그마치 4년이란 시간이 필요했다. 아이는 일명 학교 밖 청소년이었다. 중학교 1학년 1학기를 마치고 아이는 학교를 나왔다. 이유는 여러 가지가 있었지만 발단은 아이스크림이었다. 1학기 중간고사가 끝난 날 성적이 좋은 아이들에게만 아이스크림을 사주는 선생님에게 아이는 분노했다. 아마도 선생님께서는 학습동기를 높이고자 한 일이었을 것이다. 그러나 나는 그 말을 할 수 없었다. 내 아이가 그 아이스크림을 먹었다해도 불편했을 것이기에 앞뒤 맥락을 모르는 상황에서 아이의 말만을 듣고 선생님을 비난할 수도 없었다. 아이에게 어떤 설득의 말을 했는지 기억나지 않는다. 아이는 순위에 든 사람만이 아이스크림을 먹을 수 있는 학교는 다니기 싫다는 결론을 내렸다. 성적 순위로 세워진 대열에서 나오겠단 의지를 보였다.

　나는 말하지 않았다. "그래, 그럼 대안이 뭐야?" 묻지 않았다. 학교 안에만 있었던 아이에게 학교를 배제하고서 대안을 말하라는 것은 좀 잔인하다 싶었다. 한 학기를 버티다가 둘째는 학교를 그만두었다. 그리고 그 후 대안 학교를 다니기도 했고 배우고 싶은 것들을 찾아 서울을 오르락내리락 하기도 했다. 어느 날은 배우가 되고 싶다 했고 또 어느 날은 작곡을 배우고 싶다고도 했다. 아이의 욕구가 뜰 때마다 비용이 발생하는 것이어서 나 역시 스트레스가 차올랐다. 집에서 몇 날 며칠이고 기타를 띵띵거리거나, 종일 짱구 만화를 보며 낄낄거리기는 아이를 참아내는 일은 쉬운 일이 아니었다. 다행히도 나는 바빴다. 바빠서 아이에게 물리적으로 시간을 낼 수 없었다. 늦은 저녁 시간에 아이와 만나 하루를 지낸 이야기를 나누다보면 아이의 입장이 이해가 되었다. '엄마보다 내가 더 불안하다고, 내 일이잖아, 내 삶이잖아.' 아이와의 대화는 늘 자신이 삶의 주체임을 확인하는 자리로 귀결되었다. 내가 무언가를 주문하려 하면 아이는 내게 말했다. "엄마, 나 좀 내버려둬. 내가 알아서 할게." 내가 무언가 입을 떼려고 하면, "엄마가 늘 말했잖아,

나 믿는다고." 할 말을 잃게 만드는 4년의 동거 끝에 드디어 둘째는 비행기를 탔다.

　가까운 지인들은 묻는다. 허전하냐고. 천만에 말씀 만만에 콩떡이다. 머리는 허전해 라고 말하지만 가슴 한가운데서 씽씽 설렘의 바람이 나를 훑고 지나간다. 그리움은 거리가 있을 때 오는 감정이다. 서로의 거리를 지키는 것은 건강한 마음의 경계를 갖는 일이다. 나로 산다는 것은 그 거리로부터 내가 자유로울 때이다. 충분하게 했으니 차고 넘치게 했으니 이제 다른 곳으로 흘러가리라.

　복닥거리며 지낸 4년 동안 둘째는 중등 고등 과정을 검정고시로 마쳤다. 운전면허증, 바리스타 자격증을 따면서 나름대로 자립할 준비를 한 것이다. 아이스크림으로 얻은 결론 때문인지 몰라도 둘째는 꼬박 3년 동안 아이스크림 가게에서 아르바이트를 했다. 마치 학교를 다니듯 개근상을 받아도 될 만큼 일주일에 15시간의 노동을 하며 자신의 용돈을 벌었다. 너무 여유있게 지내는 것은 아닌지 때때로 불안한 엄마의 시선을 비웃기라도 하듯 둘째는 좀 더 한가로운 일상을 위해 더 느린 속도로 살아가는 다른 세상에서 자신에게 적합한 것들을 찾기 위해 길을 나섰다.

　오늘 나는 둘째에게 톡을 받았다.

　"엄마, 일 구했어요. 여긴 너무 심심해요."

　심심하다니, 샘통이다 이놈아. 풋, 웃음이 나왔다. 문득 보고 싶었다. 그래, 너는 잘 살 거야. 기꺼이 너답게.

사랑의
조건

C대학까지는 차로 4시간 30분이 걸렸다. 예상했던 것보다 꽤 먼 길이었다. 그 먼 길을 가야겠다고 결심한 것은 늦가을이었다. 2년 전, 그녀를 워크숍에서 만났다. 그녀는 연구회라는 조직의 일선에서 물러나 있었고 여성주의 상담의 실제를 직접 보여주기 위해 5박 6일의 워크숍 마지막 날에 등장했다. 강렬한 색깔의 옷과 은발의 머리는 그녀의 큰 키에 아주 잘 어울렸다. 멋졌다. 매력적인 첫인상과 더불어 그녀가 진행하는 강의 또한 명쾌했다. 그녀가 진행하는 상담의 실제를 보면서 그녀는 내가 넘어 가고 싶은 산으로 다가왔으며, 그것도 단풍이 물든 가을날 그 산을 올라도 좋겠다 싶었다.

여성주의 상담을 하기 위해서는 내가 내담자가 되어 상담을 받아야겠다고 생각했다. 살아있는 한 문제는 늘 있게 마련이지만 그 문제가 나를 과거에 매여 혹은 미래로 나아가지 못하게 한다면 현재의 삶을 풍요롭게 하지 못하게 한다면, 그 문제를 해결해야 한다는 생각이 들었다.

나는 단풍 구경을 갈 수 없을 만큼 바빴으나, 가을이 끝나갈 무렵 그녀를 찾아가겠다는 결심을 굳혔다.

초행길이라 약속한 시각보다 늦게 도착했다. C대학은 기대했던 것보다 컸지만 그녀가 재직하고 있는 대학의 교수실을 찾는 것은 어려운 일이 아니었다. 한 시간을 기다린 그녀는 지친 나를 매우 반갑게 맞이해 주었다 그리고 그녀가 권하는 차를 앞에 두었다.

첫 상담에서는 그녀도 나도 헤맨 듯했다. 상담 목표를 정하지 못하고 돌아오는 길에 나는 미친 듯이 졸렸고 차량 상태도 불량했다. 차체는 몹시 흔들렸으며, 흔들림은 꼭 내 몸과 같았다. 차와 내가 한 몸이 된 듯 나는 자꾸만 휘청거렸으며 중앙선을 넘을 듯 내 삶에서 중요한 선들을 넘을 것 같은 불안감은 달리는 차를 자꾸만 고속도로 일차선으로 쏠리게 했다. 위험했다. 위험이 감지되자 기분이 나빠졌다. 괜한 일을 한 것은 아닌지, 굳이 꺼내지 않아도 되는 것을 꺼내려 하는 것은 아닌지. 내가 내린 결정에 자책이 떴다.

대구쯤 지나자 졸음을 참기 힘들었다. 경산휴게소까지 가는 것도 무리다 싶어 최대한 가까운 졸음 쉼터에 차를 세웠다. 잠시 눈을 붙이고 가자는 생각을 포기하고 나는 서울에 있는 요니에게 전화를 걸었다. 시계는 열 시를 넘어서고 있었다. 아이는 아직 퇴근

전일 수도 있지만, 시간으로 보아 퇴근 중일 수도 있어 잘하면 아주 달게 졸음을 깨울 수 있겠다 싶었다. 신호음이 울리자 바로 전화를 받는다.

나는 나의 현재 상황을 말하고 잠을 깨워달라고 하자 요니는 유쾌하게 웃으며 "맘은 바부야."라고 놀린다. 요니의 말에 나는 비로소 웃음이 돈다. 피곤이 잠시 물러나며 졸음도 함께 사라지는 것 같았다. 미주알고주알 통화 끝에 요니가 내게 묻는다.

"근데 아빠가 좋아한 영화가 사랑과 영혼이라고 했지?"

"……"

이미 까마득해진 그 시절이, 흑백영화처럼 내 마음속에서 가끔씩 돌아가는, 잊혀졌다고 믿었고 실제로 사그라진 그 장면들이 아이의 말이 떨어지기가 무섭게 영화 필림처럼 돌아갔다. 세련되게 숨길 수도 없고, 도망치지도 못한 채 졸린 상태로 불편해 하는 내가 보였다.

내게 남편은 아직도 아픈 손가락이구나. 많이 덜어냈다고 믿고 있었는데 그는 여전히 내 곁에서 살아가고 있었구나. 여전히 나를 지배하는 막강함이 있었구나. 그걸 모른 처 짐짓 외면하며 살아내고 있었구나.

한 달 만에 나타난 나를 향해 그녀는 조금 긴장하며 물었다. 그녀와 두 번째 만남이었다.

"상담목표를 무엇으로 할지 생각해 보셨나요?"

잠시 시간이 필요했다. 나는 그 침묵의 시간을 이용해 열심히 머릿속을 뒤적거렸다. 순간 떠오른 것은 사랑과 영혼의 한 장면이었다. 몸과 영이 분리된 채 살아가는 옆에 있어도 느끼지 못하는 것을 안타깝게 지켜보았던 장면이 떠올랐다. 대답을 기다리는 그녀에게 읊조리듯 나지막이 "사랑과 영혼이요."라고 말하자 그녀가 좀 더 이야기해주면 좋겠다는 눈빛을 보낸다.

그 남자가 내 눈에 들어온 것도 늦가을이었다. 연탄을 때기에는 조금 이르다 싶은 11월이었다. 남자의 방바닥이 미지근했던 것이 기억난다. 비탈진 언덕 위를 올라가 어느 정도 올라왔구나 싶은 곳에 남자의 자취방이 있었다. 삐꺼덕거리는 철대문은 반쯤 열려있었다. 낡은 시멘트 블록이 듬성듬성 놓인 마당 끝에 낡은 철대문을 마주 보며 수돗가가 있었고, 수돗가 오른쪽에 남자의 방이 있었다. 안채로 보이는 주인집의 허름한 서까래 지붕은 낮아서 곧 내려앉을 것 같았다. 남자의 방은 아래채인 격인데 그나마 다행인 것은 방 앞에 엉덩이를 걸칠 수 있을 만큼의 마루가 내어져있었다. 쪽마루 같은 그 마루가 내 마음을 잡아당겼다. 남자의 방은 장정 세 명이 누우면 좁겠다 싶었다. 방 안으로 들어서자 벽에는 옷가지들이 걸려있고, 진분홍빛의 비키니 옷장 하나, 밥상인지 책상인지 용도가 분명하지 않은 상 위에 두툼한 영어사전, 스프링 대학노트와 샤프가 놓여있었다. 남자는 우리가 방으로 들어서자 황급히 상 위에 있는 물건들을 치우고는 상을 들어 방 가운데에 놓았다. 네 명이 앉자 방은 꽉 찼다. 남자는 연신 싱글벙글했다. 혼자 자취를 한 지 이제 두 달도 채 되지 않았다고 하며, 자신이 사는 방을 둘러보

면서 흡족해하며 웃었다. 오늘 집들이를 하기 위해 연탄을 피웠다며 남자는 방바닥에 손을 갖다 댔다.

우리는 준비해 간 봉지에서 술을 꺼내 상을 차렸다. 남자는 부지런히 우리의 시중을 들었다. 어느 정도 취기가 올랐다. 같이 술을 마신 사람들에 비해 상대적으로 나는 덜 취한 상태였다. 남자는 상이 지저분해지면 바로바로 정리해서 다시 상을 차렸다. 남자는 상 아래에 있는 사과를 집어 들어 한 손에 과도를 든 채 사과를 깎으려다 말고 물었다. "사과를 깎기 전에 이렇게 톡 사과를 치는 이유가 뭔지 아세요?" 평소에 말이 없었던 남자였고 나와는 깍듯하게 '누구 씨'라는 호칭을 하는 사이라 나는 남자가 딱히 내게 묻는다고 생각되지 않아서 남자의 대답을 기다리고 있었다. 남자는 여전히 흥이 나서 과도로 사과를 가볍게 톡 치더니, "이렇게 기절시키는 거예요."라고 말했다. 순간 나는 픽 웃음이 나왔다. 처음으로 남자와 눈이 마주쳤다.

그날 남자는 '사랑과 영혼'은 자신이 가장 좋아하는 영화라고 했고 영화의 주제곡을 흥얼거리며 내게 영화를 좋아하느냐고 물었다. 나는 남자와 친해지면 같이 영화 한 편은 볼 수 있겠구나 싶었다.

영상을 틀어놓고 해설을 하듯 나는 결혼할 당시 상황을 그녀에게 말했다.

그녀가 물었다.

- 결혼에 대해 어떤 생각을 하고 있었어요?
- 결혼을 하고 싶으신 것이었나요?

― 사랑을 받고 싶은 것이었나요?

남편을 사랑해서 결혼했다고 생각하지는 않았다. 결혼하고 나서 나는 누군가에게 이렇게 말한 적이 있다. '바닷가에 놀러가 실컷 놀다가 집으로 돌아올 즈음 조개를 주웠는데, 그 조개 안에 진주가 들어있어서 놀라기도 하고 그것을 잘 다듬어 보석을 만들어야겠다는 심정이었다고, 남편은 내게 그런 사람이었다고.'

결혼을 하고 싶었고 그 결혼 상대로 당시에는 남편만큼 적절한 사람이 없었다. 조건을 달고 결혼하기에는 계산이 익숙하지 않았던 터라 나는 서로 다른 차이를 일방적으로 맞춰 주었다. 그의 말을 긍정하고 그의 행동을 이해하려 했으며 신발 바닥에 깔창을 대듯 결혼이라는 공동의 걸음이 편안하려면 어떻게 해야 하는지를 열심히 생각했다. 남자는 나와는 한참 다른 취향의 사람이었다. 같이 살려면 내가 감수해야 할 것이 많다는 판단도 있었다. 모르지 않았다. 다만 모른 척했을 뿐이었으며 나는 서로가 바뀔 수 있다고 생각했다. 내가 더 사랑하면 그 사랑의 힘으로 서로가 변화되리라 생각했다.

― 제 판단을 무시한 거 같아요. 그런 신호들이 순간순간 잡혔는데…….

― 그것은 생각을 무시한 게 아니라 자신의 감정을 더 존중했던 거죠.

그녀의 말을 들으며 내가 내린 결정을 내가 뒤집은 것이 아니라는 것을, 나는 그 남자여서 결혼을 하고 싶었다는 것을, 사랑받고 사랑하며 살고 싶었다는 것을 알았다.

　그녀는 돌아가는 길에 마시라며 텀블러에 보이차를 담아 내게 건넸다.

　건물 밖을 나서자 겨울바람이 매섭게 불고 있었다. 세 번째 그녀를 만나러 오는 길에는 더 세찬 바람이 불겠지. 내려왔던 길을 다시 거슬러 올라갈 일만 남았다.

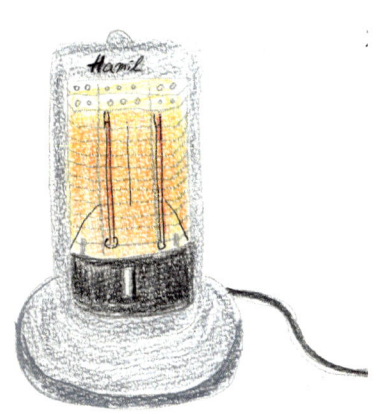

백마강
달밤에

당신은 무엇으로 소중함을 기억하나요? 누구를 만나거나 어느 장소를 가거나 어떤 물건을 접하거나 그것들을 기억하는 방식의 감각 채널이 무엇인가요? 색깔, 달랑거리는 소리, 코끝에 남아있는 냄새, 입맛을 다시게 하는 혀의 놀림, 그리고 몸에 전해오는 오싹함일까요?

오감각 중 나에게 제일 먼저 와 닿는 감각은 후각이다. 나는 소중함을 기억하는 방식으로 그 사람을, 그 장소를, 몸으로 기억하고 자동 저장하는 방식이 후각이다. 냄새가 제일 먼저 자동화되는 채널을 가지고 있다. 이 자동화된 채널은 어디로부터 왔을까?

가족문제 해결을 위한 워크샵에 갔던 적이 있었다. 내게 와 닿은 물음은 최초로 당신이 기억하는 냄새를 찾아라, 부모를 기억하는 후각을 찾는 일이었다. 뭐라 설명할 수는 없지만 그 순간 아버지의 내음이 그리고 엄마에게서 났던 그 냄새가 휘리릭 내 코끝을 훑고 지나갔다. 아버지는 아버지만이 갖는 특유의 냄새(이건 정확하게 표현되지 않는 미완으로 남아있는 냄새이다. 구수한 냄새 같기도 하고, 갓 쪄낸 고구마 냄새이기도 하고, 방금 면도를 마친 남자에게서 나는 냄새 같기도 하다)로 내게 남아있다. 그건 남편 역시 마찬가지이다. 남편만이 가지고 있는 냄새, 남편에게서만 맡을 수 있었던 냄새가 있었다. 그 냄새가 나를 오랫동안 괴롭히기도 했고 그리움으로 울게도 했고 비슷한 냄새를 찾게도 했다. 사람을 냄새로 기억하는 것은 오랜 시간이 흘러도 어느 순간 일시에 그곳으로-사람이든 장소든 사물이든- 나를 초대해 옴짝달싹 못하게 하는 요소이다. 여전히 나는 냄새에 약하다. 냄새에 민감하며, 사람의 특징을 그 사람만의 향기로 기억하려 애쓰고 있는지도 모른다.

 후각 그 다음의 감각기관은 청각이다. 나는 후각만큼 청각에도 민감하게 반응한다. 목소리에 약하다는 이야기다. 아버지의 음성은 따뜻할 만큼 부피가 있었으며, 가볍고 경쾌했다. 또한 음성의 내용은 노릇노릇하게 구운 전처럼 기름지고 고소했다. 아버지는 즐겨 노래를 흥얼거렸다. 아버지의 가락이 전해졌으며 아버지가 틀어놓은 라디오에서는 창부타령이나 판소리 춘향가가 흘러나왔다.

 먼 곳에서 일을 마치고 돌아오신 아버지는 마당 한가운데 수돗가에 당신의 연장통을 내려둔다. 자신의 몸을 닦으시듯 꼼꼼하게 연장통에 든 연장 하나하나를 꺼내 닦는다. 아버지의 연장들은 주

로 쇠붙이로 된 것들이 많았다. 쇠에 물기가 닿으면 금방 녹이 슬 것 같아서 나는 아버지가 연장들을 물로 씻을 때마다 무언가 초조한 마음으로 아버지를 지켜보았다. 그렇다고 아버지에게 물로 씻지 말라고 할 수도 없는 일이었다. 아버지는 다 씻은 연장들을 수돗가 옆, 와상 위에 가지런히 펼쳐놓으셨다. 연장들 구멍 사이로 물기가 떨어지는 것을 보면 나는 마음속 가득 어서 마르기를 빠짝 말라서 광채가 나기를 기다렸다. 연장을 다 닦은 아버지는 숙제를 마친 아이처럼 흥얼흥얼 노래를 하며 등목을 하셨다.

  아버지는 엄마를 사랑하셨을까? 엄마는 아버지를 사랑했을까? 서로 죽어라 미워하는 모습이 내 기억을 차지한다고 생각했다. 엄마 잔소리의 대부분에 '썩을 놈의 종자'라는 말씀이 따라붙었으니 엄마가 아버지를 사랑한다고 믿기 어려운 일이었다. 내게 사랑은 지극히 로맨틱한 것이어서 스킨십이나 언어적 표현을 하는 것이 사랑의 증거라고 생각했다. 책 속에서는 그랬다. 아버지도 엄마를 여자로 볼 리가 없다고 생각했다. 저렇게 억세고 자기 생각을 한치도 굽히지 않고 당신의 의지대로 밀어붙이는 엄마를 아버지가 사랑할 리가 없다고 생각했다. 사랑받는 여자는 고분고분하게 남편의 말에 순응해야 하며 그렇게 해야 사랑받는다고 생각했다. 아버지보다 엄마가 더 가장에 가까웠다. 대부분 엄마의 주머니에서 돈이 나왔고, 엄마 결정을 아버지가 반대는 하셨지만 엄마 뜻을 꺾진 못했다. 나는 엄마의 강인함으로 길러졌다.

  워크샵에서 내가 찾은 것은 냄새였다. 밥 짓는 냄새, 음식 냄새가 떠올려지자 어린 시절 아버지가 집에 있는 날에는 늘 엄마와 함께 부엌에 계신 장면이 기억났다. 아버지는 늘 엄마와 함께했다. 엄마가 쌀을 씻어 밥을 안치면 아버지는 불을 때셨다. 같이 아침을 준비하시면서 이런저런 이야기를 나누시는 장면이 떠올랐다. 그 순간 이상하게 내 입에서 '백마강 달밤에 물새가 울어~' 라는 노래가 흘러나왔다. 이건 뭐지 싶게 말이다. 아마도 아버지가 주로 흥얼거리시던 노래였기 때문이 아닐까.

남편과 첫 데이트를 한 곳도 백마강 언덕이었다.

그 남자는 대학 졸업을 앞두고 있었다. 서로의 마음을 확인하기 전이었고, 남자의 졸업을 축하할 요량으로 가까운 지인들과 여행을 가자는 약속을 했었다. 여섯 명의 맴버가 결정되었다. 여행을 떠나기로 약속한 하루 전날 시무룩하게 그 남자는 내게 와 말했다. 여행을 같이 가기로 한 맴버들이 약속을 지킬 수 없게 된 것이다. 남자의 표정은 어두웠다. 목소리에는 힘이 빠져 있었다. 둘이만 갈 수 없으니 졸업여행은 자신의 운이 아닌 것 같다고 했다. "둘이서 가면 되지요." 내가 말했다. 남자는 조금 놀란 표정으로 나를 봤으며 그 눈빛은 기대로 반짝이고 있었다. 남자는 내 말을 받아서 말했다.

"저는 스물일곱 살의 신체 건강한 남자예요. 저를 믿으세요?"

"저는 스물여섯 살이에요. 설마 처음을 기대하시는 것은 아니겠죠?"

이렇게 해서 떠난 여행지가 부여였다. 낙화암 아래에서 파전에 동동주를 마셨다. 볼이 빨개지도록, 당신의 어린 시절은 어땠나요? 어린 시절의 경험이 얼마나 일치하는지, 혹은 어떻게 다른지를 술잔을 부딪치며 주고받았다. 마치 아버지와 엄마가 아궁이 앞에서 주고받았던 잔잔함처럼 그 남자와 나 역시 건네는 술잔에서, 코끝으로 지나가는 고소한 바람 냄새를 맡으며 목안으로 뜨거움을 삼켰다. 어둑어둑해지는 개와 늑대의 시간에 남자는 내게 손을 내밀었고 나는 그 손을 잡고서 백마강 강가를 걸었다. 우리는 강가에 앉았다.

남자에게 아버지 이야기를 했을까? 남자는 노래를 불렀다. 〈백마강 달밤에〉를 같이 부르며 우리는 행복한 달구경을 했다.

아버지의 백마강이 남편의 백마강과 만나는 순간이었다.

요니는
구원투수

한 사람을 사랑한다고 말할 때 무엇으로 표현을 해야 할까. 지독히도 고통을 느끼는 지점에서, 나는 사랑이라는 것을 느끼는 것은 아닌지…….

남편은 별문제 없는 사람이었을까, 혹시 지나친 내 욕심으로 그렇게 뭉개버린 것은 아닌가, 나는 혼란에 빠지곤 했다. 남편은 내 인생에 무엇이었을까. 나는 시도 때도 없이 되새겨지는 고통의 시간들을 잊기 위해서 일 속으로 매번 도망을 갔다. 뜻대로 바라는 대로 되지 않는 관계의 정중앙에 또아리를 틀고서 '네가 아무리 그래도 나는 너의 말을 듣지 않을 거야.' 돌아앉은 사람을 곁에 둔 자의 고통을 알까. 그 돌아앉은 사람이 나와 가장 가까운 사람이라고 할 때 상황은 꼬인다. 심각하게 말이다.

오래전 '남자는 여자하기 나름'이라는 광고카피가 크게 유행한 적이 있다. 그 광고를 볼 때마다 나는 자괴감에 빠져서 허둥거렸는데, 남편이 내가 바라는 곳으로 몸을 두지 않을 때, 시간을 내지 않을 때, 그리고 공정하지 않은 일상의 습관을 버리지 못할 때 나는 나를 점검하느라 정신이 없었다. 이게 도대체 무슨 상황인지 그때는 몰랐다. 내가 하기 나름이라니 내가 열심히 무언가를 바꾸어내면 남편도 내 정성에 감복하여 언젠가는 그토록 멀고도 가까운 그 다리를 건너서 내게로 올 거라 고집스럽게 믿었는지 모른다.

나는 남편과의 좋은 관계를 만들기 위해 내가 맺은 관계망을 총 가동하기도 했다. 남편과 나를 잘 알고 있는 믿을 만한 선배님에게 도움을 요청하기도 했으며, '이 또한 지나가리라' 기도하는 마음으로 열심히, 성실히 살기도 했다. 내 부모도 싸우며 살았으니, 싸움의 소지를 피하고 아이들 앞에서 큰소리를 내지 않는 엄마, 최대한 사이좋은 부모를 보여주는 것이 자식을 낳은 사람으로 마땅히 해야 할 일이라고 생각했다. 그렇게 생각을 거듭할수록 내 안에 쌓이는 감정은 커져만 갔다. 차곡차곡 무언가가 쌓이기 시작하는 느낌은 불안했으며 무엇보다도 나답지 않다는 것이 나를 견디기 힘들게 했다.

남편이 가고 나서 한동안 내게 일어난 일을 어떻게 해석하고 받아들여야 할지 몰라 애를 먹었다. 그때 아이들은 내 눈에서 가려졌다. 엄마와 아빠와의 갈등을 가장 많이 본 첫째 요니는 일찌감치 사춘기가 찾아왔다. 우리 집의 군기 반장이었던 요니는 말 한마디

붙이기가 무서울 정도로 표정이 사나웠다. 방 안에서 혼자 지내는 시간이 많았으며, 방문 앞에서 노크를 해도 아이는 문을 열어주지 않은 채 무언가에 열중해 있었다.

그럴 즈음 우연히 들어간 요니의 방에서 낙서와 그림으로 뒤덮인 노트를 보았다. 노트에 '꼭 그래야만 했을까? 꼭 겪어야만 했던 일일까?' 아이가 써놓은 그 두 문장은 내 가슴을 후벼 파고도 남았다. 울컥 눈물이 쏟아졌다. 때마침 방 안으로 들어온 아이는 때 아닌 장면에 어안이 벙벙했나 보다. 승낙 없이 방에 들어온 나를 충분히 비난하고도 남을 것인데, 거기다가 노트까지 보고 있는 나를 몰아붙이고도 남을 상황인데, 나의 눈물이 요니에게도 적잖이 충격이었나 보다. 애써 태연한 척을 하려고 하는데 요니가 먼저 말을 건넨다.

"엄마, 울어요? 아니 왜?"

요니의 눈빛은 어이가 없는 그러면서도 이 상황이 황당하고 재미있다는 표정이었다. 일단 아이의 표정이 밝았다. 안심이 되었다. 나는 아이에게 남편 이야기를 꺼냈다.

"혹시, 혹시 네가 겪은 일이 감당하기 힘든 거니? 엄마가 어떻게 하면 좋을까?"

아이는 박장대소 했다.

"아니, 왜 이러세요. 어머니!"

이유는 그러했다. 아이가 적어놓은 두 문장은 이소라의 〈트랙 8번〉이라는 노래 가사였다. 이어폰을 끼고 살았던 아이는 그때 이소라의 노래에 빠져있었던 모양이다. 당시에 아이는 입시 미술을 하고 있었으며, 시각 디자인을 전공하고 싶어했다. 이소라처럼 살고 싶다고 했다. 요니는 어쩌면 음악을 들으며 자신 안에 쌓인 것들을 간접적으로 풀어냈을지 모른다. 나 역시 아이가 써놓은 그 문장으로 나를 막고 있었던 두려운 감정을 만났으니 고마운 일이었다.

첫째여서 그런지 요니는 둘째와 셋째와는 다른 구석이 있다. 이를테면 결정적인 순간에 구원투수로 등장한다는 것이다. 갑작스런 아빠의 죽음으로 아이가 받았을 충격이 컸음에도 불구하고 장례식장에 온 아이는 우선 나를 살피는 일부터 했다. 내가 울음을 터트리자 아이는 내 손을 잡으며 "엄마 우는 거 싫어요."라고 말했다.

요니의 그 말에 나는 정신이 번쩍 들었다. 그리고 감정을 수습했다. 어머님은 화장(火葬)을 해서 어디엔가 뿌렸으면 좋겠다고 하셨다. 딸만 셋이니 제사를 지낼 사람도 없을 것이며, 또한 부모보다 먼저 가버린 자식이니 어디에 적을 두기보다는 화장하여 훨훨 날려 주는 것이 좋겠다고 비통한 얼굴로 우리에게 당신의 생각을 내놓으셨다. 잠시 망설이는 동안, 요니가 바로 등장했다. 아빠를 어딘가에 모셔야 한다는 것이다. 추모공원 납골당에 모시면 좋겠다고 또박또박 자신의 의견을 여러 사람들에게 공표하듯 말했다. 아주버님도 시누이도 그리고 어머님도 그렇게 말하는 요니를 대견해하셨다.

  남편의 장례를 치르고 집으로 돌아온 우리는 각자의 방에서 시간을 보냈다. 며칠이 흐르고 나서 나는 무언가를 이야기해야겠다 싶어 아이들을 식탁으로 모이게 했다. 아이들은 살짝살짝 나의 표정을 살피며 애써 진지한 모드로 식탁에 앉았다. 내가 전달하고자 하는 이야기의 요지는 이러했다. 이제 아빠도 안 계시니까 엄마가 너희들에게 신경을 더 쓸 것이고, 일도 좀 줄이고 너희들과 시간을 더 보낼 것이라는 내용이었다. 내 말이 끝나기 무섭게 요니가 말했다.

  "무슨 말쌈이샤요, 아빠도 안 계신데 더 악착같이 일하셔야죠. 그냥 하던 대로 하세요. 달라진 것은 없어요. 우리가 해왔던 방식대로." 둘째와 셋째도 언니의 말에 동의하는 눈빛을 보내며 우리 엄마가 왜 이러실까 하는 눈빛이었다. 요니가 등판한 순간이었다.

남편의 기일을 앞둔 며칠 전 서울에 있는 요니에게 전화가 왔다. 아빠 기일에 꽃을 사오겠다고. 강남역 근처에 예쁜 꽃집이 있는데 그곳을 지나면서 아빠 기일을 생각했다고. 나도 그랬다. 전화를 끊고 나서 비슷한 기류들이 남편을 향해 흐르고 있구나 싶었다. 든든했다.
　몇 달 전에 요니는 2년을 꼬박 사귄 남자친구와 헤어졌다. 헤어지는 과정에서 나는 아이의 감정에 아낌없는 관심을 보였다. 이틀거리로 한 시간 넘게 통화를 하며 졸린 눈을 부비며 아이의 감정을 다 쏟아내도록 도왔다. 바쁘게 지내느라 통화가 뜸한 어느 날 요니에게서 전화가 왔다. 컴퓨터를 정리하다가 예전의 남자친구가 써 놓은 메모를 보았다고 한다. 다정함과 따뜻함이 묻어나는 글을 읽으며 엄마 생각이 났다고 한다. 2년을 사귀고 헤어졌는데도 이렇게 힘든데, 아빠와의 갑작스런 이별을 한 엄마는 어떻게 감당할 수 있었을까 새삼스레 엄마가 다르게 보인다고 했다. 요니의 이야기를 들으며 나는 사실 좀 놀랐다. 어느새 이렇게 자라버리다니, 이제는 딸과 엄마가 아닌 같은 여성으로서 엄마를 이해하고 공감하는 것이 놀라웠다.
　요니는 이렇게 삶이 무미건조하거나 우울모드로 떨어질 즈음에 늘 구원투수로 등장한다. 엄마의 삶을 응원하고 엄마가 자신의 미래라는 메시지를 요니에게서 받는다.
　우리는 두 축으로 살아간다. 한쪽 축에서 춤을 추다가 어느 순간

반대 축으로 가서 다른 빛깔로 춤을 추고 있다는 것을 깨닫게 된다. 두 축 사이에, 우리는 그 간격에서 오는 어지러움에 자신을 어쩌지 못하고 고통스러워한다. 그러나 곧 알게 된다. 우리가 같은 선 위에 서 있고 우리의 삶이 계속되듯이 나의 삶이 아이들의 삶과 연결되어 있으며 내가 춤을 추는 그 선 위에 나를 바라보는 사람이 있다는 것을. 오지 않을 일들을 걱정하며 인생을 최소로 살기보다는 온전히 드러내어 추는 춤을 요니에게 보여주고 있었나 보다.

전화를 끊기 전에 요니가 말한다.

"하긴 엄마랑 아빠가 싸울 때 나는 아빠가 다 잘못한 줄 알았는데, 지금 와서 생각해보면 아빠가 다 잘못한 것은 아닌 거 같아. 아빠가 잘해준 것이 생각나. 가끔 아빠가 보고 싶기도 해. 엄마!"

그래 그래 그렇지, 세상에 모든 것은 없지. 모든 것이 나쁘고 모든 것이 좋은 것은 없지. 각기 다양한 스펙트럼으로 존재하면서 밝은 빛을 찾아 한 발자국 움직이며 사는 거지, 그래그래 그렇지, 그러할 때 평화로운 거지. 충만한 거지.

겨울,
극장

　　　　　남편과 별거 기간 동안 나는 고된 노동을 끝내고 남은 시간을 영화관에서 보냈다. 늦은 밤까지 일에 매여 있다가 그 일들이 어둠과 함께 마무리 되면 딱히 갈 곳이 없었다. 지친 몸을 드러내놓고 안전하게 둘 곳이 없었다.
　남편은 별거에 동의하지 않았다. 순순히 별거에 동의할 배우자가 어디 있겠는가.
　"어디 나가려면 아이들을 두고 나가보시지, 나갈 수 있는지."
　남편은 독기를 품으며 완강하게 거부했다. 어미가 아이들을 두고 나오는 일은 세상의 그 어떤 일보다도 독하고 아픈 일임을 나는 그때 뼈저리게 알았다. 내가 살아온 그 어떤 세월보다 독하고 나쁜 선택의 순간이었다. 부모라면 자신이 감당했던 상처보다 작게 혹은 상처 없이 곱고 선량하고 평화로운 에너지로 아이를 키우고 싶지 않겠는가. 모든 부모들이 그렇다. '나라면, 내가 엄마가 된다면, 내가 아빠가 되면, 나는 당신들과는 다르게 내 아이들을 키우리라.' 주로 결핍이나 상처가 많은 사람들이 가족을 구성할 때 단골 메뉴로 쓰는 심리적 플랜이다. 나 역시 그랬다.

남편은 술독에 빠져있는 날이 많았다. 그는 무기력의 기점을 돌면서 술을 마셨다. 퇴근하고 돌아오면 남편에게서 술 냄새가 났다. 어느 날은 참을 수 없을 만큼 취해 있었고 또 어느 날은 견딜 수 있을 만큼 취해 있기도 했다. 이런 날이 지속될수록 남편은 술병을 쌀독에 혹은 베란다에 감추며 나의 눈을 속여가며 술을 마셨다. 처음에는 몰랐다. 나는 남편의 마음을 살필 만큼 여유가 없었다. 아이들은 셋이었고 어렸으며, 양육이 주는 스트레스와 일터에서 부딪치는 문제들로 내 속은 시끄러웠다.

나는 그 시절 사회복지관에서 계약직 언어치료사로 일하고 있었다. 일에 대한 만족감은 매우 커 나는 일 속에서 구원을 얻기라도 할 듯 열심 또 열심이었다. 퇴근하고 돌아와 아이들을 재우며 하루 동안의 일들 중 재미있었던 에피소드를 아이들에게 들려주는 것이 하루의 즐거움이었다. 에피소드를 듣고 난 아이들은 내게 묻기도 하고 자기 이야기를 하기도 했다. 일을 하면 할수록 갈급함이 커져왔다. 일에서 부딪치는 내용을 좀 더 채우고 싶다는 열망은 컸으며, 무엇보다도 전공자에 대한 부러움은 커져만 갔다. 근본적인 것에서 늘 비껴서 있다는 느낌은 나를 존중하지 않는 방식으로 내 자신을 대하게 했다. 해결해야 했다. 아니 해결하고 싶었다.

나는 대학원에 진학하기로 결심했다. 입학원서를 내기 전에 남편에게 말했다. 공부를 더 하고 싶다고. 지금 하는 일에서 내가 부족한 것을 절감하였기에 대학원 진학은 어쩌면 당연한 코스일 거라고 남편도 나와 같이 생각하고 있을 줄 알았다. 그런데 남편의 반응은 침묵이었다. 원서 마감일을 하루 남기고 좀 더 준비를 해서 가는 것이 어떠냐는 것이었고, 남편의 목소리는 차가웠다. 남편의 반대 이유는 아이들이 아직 어리다는 것과 경제적인 문제였다. 우리의 통장은 마이너스였다. 나는 하루에 8섹션의 치료 교육 스케줄을 감당하고 있음에도 통장은 마이너스였다.

그때 남편은 3년째 잠정적 실직상태였다. 공부에 대한 열망도 컸지만 이곳으로부터, 미래가 부재한 이 상황으로부터 되도록이면 최대한 빨리 탈출하고픈 것이 솔직한 심정이었다. 나는 남편의 반응에 연연하지 않았다. 대신 아이들에게 양해를 구했다. 아이들 앞으로 든 어린이 보험을 해약하기로 결정을 했다. 남아있는 보험은 그게 다였다. 돌이켜 생각해보면 어떻게 그런 상황에서 그런 결정을 할 수 있었는지. 아찔한 파이팅이었다.

대학원 진학을 하고 나니 일할 수 있는 시간이 줄어들었다. 일반 대학원이었으니 일주일에 많게는 사흘을 적게는 이틀을 빼야 하는 상황이었다. 그 이틀을 보충하기 위해 나는 다른 일을 찾아야 했다. 밤 시간을 이용해 할 수 있는 일을 찾았고, 하고 싶은 일이 아니라 경제적 손실을 메꿀 수 있는 일이어야 했다. 남편은 병풍처럼

집안 거실에 앉아 있었다. 당신이 그렇게 혼자서 일을 처리하기 전에 남편에게 도움을 받거나 책임을 나누었어야 하는 게 아니냐고 주변 사람들이 나에게 말했다. 좀 더 치열하게 싸우지 못한 점, 남편보다 욕망의 그릇이 큰 점, 남편을 곰이 아닌 여우처럼 달래서 세상으로 내보내지 못한 나의 기술에 문제가 있었다면 그건 인정할 수 있다. 하지만 나는 할 수 있는 사람이 하면 된다고 생각했다. 술을 마시지 말라고 이야기하기보다는 내가 열심히 살아가면 그도 좋은 에너지 쪽으로 오지 않을까 싶었다. 사람이라면 누구나 자신을 실현하며 살고 싶어 하며, 선량하고 활기차고 즐거운 자리를 찾아가는 것이 인간의 본성이라고 생각했다. 그러나 사람의 본성은 본성 나름이고 각자 본성의 각본이 다르다는 것을 후에 나는 알았다. 깨닫고 나면 잃은 것들이 보인다.

나에게 도움을 주고자 하는 사람들은 내게 직간접으로 말했다. 남편을 부처라 생각하고 남편이 가지고 있는 강점을 살피고, 내 안에 있는 남편에 대한 애정을 보며, 당신이 있어서 내가 일할 수 있다는 마음으로 섬기듯 남편을 대해보라고. 그럴 때마다 내 속에서는 '너나 해보세요.' 하는 목소리가 삐져나왔다.

나는 24시간 풀로 노동을 하는 느낌이었다. 일을 마치면 다시 집이라는 또 다른 일터로 퇴근시간도 잔업시간도 카운트 되지 않는 일터로 조속히 복귀해야 했다. 이른 저녁에 잠이 들어 새벽에 잠이 깨는 남편의 수면 패턴은 나와는 달랐다. 아이들을 재우고 나서 인터넷 자판을 두드리고 나면 밤 한두 시였다. 그 시간 잠이 들라치면 잠에서 깬 남편은 제일 먼저 화장실로 향했다가 내게로 온다. 24시간 풀로 가동되는 듯한 그 느낌을 나는 빨대질이라 했다. 아이들은 마치 나를 도넛츠처럼 튀겨내어 몸통에 설탕을 돌돌돌 묻히듯 가동시켰고, 남편은 나에게 기다란 빨대를 꽂아두고 자신의 욕구대로 나를 쪽쪽거리는 것 같았다. 참을 수 없는 시간들이 참으로 한결같이 흘러갔다. 나는 엄마로서 아내로서 그리고 선생으로서 학생으로서의 역할 속에서 지쳐갔다. 아이들과 일주일에 한 번은 놀아줘야 하고, 일이 있을때마다 시댁에 가야 하고, 과제는 밀리지 않고 제출해야 하고 그리고 일에서 나는 훌륭한 선생이어야 했다. 모두를 만족시켜야 하는 구조를 스스로 만들며 정작 나는 사라지고 나의 감정은 돌보지 않은 채 나를 잘 자동시키려는 데에만 열중했다.

그런 내게 학교는 새로운 에너지를 주었다. 주말에 연구실에서 과제를 할 때면 그것이 바로 진정한 휴식 같았다. 학교와 집은 차로 10분 거리여서 나는 아이들을 챙기고 다시 학교로 다시 집으로 다시 학교로 오갔다. 평일에는 일터로 집으로 그리고 학교로 종횡무진하며 살았다, 몸이 찢어질 것 같다는 비명을 지르면서도 오히려 그 느낌이 내게는 동력이 되었다.

나는 남편에게 별거를 제안했다. 나로서는 최후의 통첩 같은 것이었다. 익숙해진 패턴을 바꾸어야겠다는, 감정의 볼모상태에서 벗어나야겠다는 자각이 든 것은 아이들을 통해서였다. 아이들은 나보다는 우리 관계를 정확하게 보고 있었다. 갈등의 지점이 발생

하면 남편의 손가락은 나를 향했다.

'너로 인해, 너 때문에, 네가 그렇게 해서.'

더 이상은 참을 수가 없었는지 큰아이가 그 장면에서 말했다.

"그게 왜 엄마 탓이에요, 아빠가 잘못한 것을 왜 엄마 탓을 해요."

큰아이는 아빠만큼 자란 키로 굽히지 않고 감정으로 아빠와 맞섰다. 순간 나는 이제 더 이상 물러설 곳이 없다는 것을 깨달았다. 이 싸움을 내게서 끝내야겠다는 생각이 들었다. 나 역시 아이들을 위한다는 이유로 이 지난한 시간을 견디고 있음을 알아챘다. 아이들을 공범으로 만들고 있음을 알게 되었다. 이제 나쁜 년으로 옮겨가야 할 때였다. '두려워하지 말자'라는 명제가 떴다.

아이들에게 동의를 구하고 나는 별거에 들어갔다. 늦은 저녁시간, 일을 마치고 나면 나는 홀로 남겨진 느낌이었다. 다시 남편에게 돌아가서 그의 약속을 받아내고 그를 용서해줄까. 내 몸은 익숙한 그곳으로 그 마음으로 달려가려 했다. 그럴 때마다 나는 영화관으로 숨어들었다. 어떤 영화인지 무슨 내용인지 몰랐다. 그냥 시간이 맞는 영화관에 들어가 영화를 보다가 잠이 들었다. 그렇게 세 번이고 네 번이고 같은 영화를 보았다. 패턴 속에서 나를 끊임없이 가동했듯이 스크린에 나를 틀어놓고 잠들기를 되풀이했다.

우리는 건강하게 별거를 하기로 했다. '별거에 건강함이 어디있겠는가'라는 생각도 들었지만 그 어떤 상황이든 그게 아무리 최악의 상황이라 할지라도 건강함은 있기 마련이라고 나를 위로했다. 아이들은 별거 3개월을 지나고서 나에게로 올 수 있었다. 남편은 새로운 인생을 맞이하려는 노력을 나에게 보여주었다. 부부관계가 회복되어 가고 있었다. 남편의 데이트 신청 일수가 늘어나고 있었다.

어느 날, 남편은 〈맘마미아〉를 같이 보자는 문자를 보내왔다. 남편의 제안을 설레었고. 영화는 유쾌했다. 우리는 흥겨운 노래에 맞추어 흥얼거리며 눈을 마주치기도 했으며, 손을 잡기도 했다. 소소한 일상들이 그리 흘러가듯 한해를 마무리해가는 즈음, 남편은 크리스마스에 아이들과 함께 영화를 보자는 문자를 보내왔다. 아이들도 'OK' 했고, 〈아바타〉를 보았다. 온 가족이 영화를 본 것은 〈아바타〉가 처음이었다. 즐겁게 영화를 보고 나와 밥을 먹었고, 남편 집에 가서 차를 마셨다. 새해에는 보다 잘 지내자고 약속하며 '아빠 안녕' 하고 헤어지는 막내에게 남편은 '아빠 뽀뽀'를 말했고 막내는 아빠 팔에 안겨서 그의 양볼에 입을 맞추었다. 별거 일년이 지나고 있었고 새해는 밝아오고 있었으며 아이들은 한 살 더 먹을 터였다.

그러나 새해는 왔으나 남편은 홀연히 우리 곁을 떠나버렸다. 감히 남편이 그렇게 떠날 것이라고는 단 한 번도 상상해본 적이 없었기에 쨍하고 내 머릿속에서 무언가가 깨져버렸다.

남편이 가고 나서 나는 〈맘마미아〉 DVD를 구입했다. 슬픔이 온몸으로 스며들며, 바닥으로 곤두박질 칠 때면 나는 〈맘마미아〉를 보았다. 너덜너덜 닳아지도록 본 〈맘마미아〉는 내게 여러 가지 감정을 불러내어 춤추게 했다. 아바의 흥겨운 노래를 따라 불렀고,

메릴 스트립의 말투나 동작을 따라하며 웃었지만 그와 함께 짓던 웃음은 아니었다.

  연말이 되면 이러저러한 송년모임으로 바쁜 일정 중에서도 우리 넷은 영화관을 찾는다. 같이 아빠를 추억하며 팝콘 냄새 아득한 그 공간에서 그날의 기억을 붙잡는다. 밖은 여전히 캐럴송이 울려 퍼지고 있을 테고, 영화관 밖 거리는 또 얼마나 차가울까?

남편이라는 남자

그는 1미터 78센치에 70키로그램, 그의 등은 넓고 그의 미소는 천진했다. 그는 나보다 두 배의 어깨를 가진 남자였다. 그는 주윤발이라는 배우의 먼 사촌뻘의 외모를 가진 남자였다. 그 남자는 자기를 '아네모네'라고 소개했다. 그 소개를 들은 우리들은 '아하 그렇군요'라며 고개를 끄덕일 만큼 그의 얼굴은 네모에 가까웠다.

나는 제대로 된 연애 한번 못해보고 스물의 시절을 마감하는가 싶었다. 그렇게 반로맨틱한 시절을 살아야 했다. 대학은 지성의 전당이기 전에 투쟁의 숲을 가꾸는 사람들을 만드는 장소 정도였다. 그러나 대학은 소속과 신분을 보장해 주었기에 소속 없이 떠돌았던 나에게는 안전한 장소였고 대학에 착륙한 보람이 있었다.

나는 연애를 간절하게 원하면서도 투쟁을, 혁명을, 조국과 민중을 이야기하며 지냈다. 강의실에서 보내는 시간보다 학교 밖 술집이나 거리에서 보내는 시간이 많았다. 연애를 대놓고 하기에도 하 수상한 시절이었다. 목숨이 이유도 없이 사라지기도 했으며 친했던 선배와 후배들이 어디론가 끌려가기도 했으니, 이런 시절에 학문을 한다는 것은 특히 낭만적 연애를 한다는 것은 지극히 반사회적이요, 반민주적이라고 생각했다.

"나는 연애를 선택하기보다 사회변혁을 선택했느니라."

이렇게 말을 하면 딸들은 발을 동동거리며 깔깔깔 웃는다. 그리고 한마디씩 한다.

- 엄마가 못생겨서 그래.

온당한 연애 한번 못하고 있던 나에게 다가온 그 남자의 첫인상은 평범하다 못해 촌스러웠다. 디스코 청바지를 허리 위까지 올려 입은 그는 첫눈에 '아니올시오'였다. 당시에 내가 만나는 남자들은 주로 무릎이 나온 면바지나, 낡은 청바지에 체크 남방을 입었다. 그것에 익숙한 나에게 그 남자의 옷차림은 촌스러움 자체였다.

사람과 사람 사이를 연결하는데 얼마의 시간이 소요될까? 그 사람이 내 안으로 들어오는 선호의 순간이 3초라고 한다. 3초 안에 선호도가 결정되지만 30년을 살아도 알 수 없는 것이 또 사람의 마음이기도 하다. 그가 두 볼을 붉히고 있던 그 촌스러움이 아마도 내 마음 한쪽에 3초라는 시간 안에 들어와 앉았나 보다.

남편이란 남자는 낭만적이었다. 남자는 나를 업기도 했으며, 내 손을 잡고 걷기도 했으며, 사람들의 눈길을 피해 거리에서 키스를 하기도 했다. 물론 매번 있었던 데이트는 아니었다. 술이 한잔 들어가면 남자는 달콤한 눈빛으로 나를 뚫어져라 바라보며 나를 향해 웃었다. 짬짬이 나의 팔을 감싸는 온기에 나는 잠시 감정이 흔들리기도 했다.

먼저 대학을 졸업한 남자는 나보다 일찍 직장생활을 시작했다. 어느 날 남자는 회사 봉고차를 몰고 내 앞에 나타났다. 남자가 열어주는 봉고에 올라탔다. 별다른 말을 하지 않고 남자는 주섬주섬 테이프를 틀었다. 남자가 좋아하는 가수는 이문세였다. 〈광화문 연가〉 〈가로수 그늘 아래 서면〉을 반복해서 들었다. 반복되는 노래에 취해있을 때, 끼익 소리와 함께 내 몸이 앞 유리창으로 쏠렸다. 갑자기 남자가 차를 급정거했다. 음악에 취해있었던 나는 갑작스런 상황에 정신이 나갔다. 나는 순간 창밖으로 눈을 돌렸다. 바로 앞쪽에 승용차 한 대가 급정거를 한 채였다. 거칠게 봉고차 문을 열고 나가며 남자는 한마디 했다. "이런 미친 새끼가!" 평소의 조용한 남자의 행동에 비해 그의 말은 거칠었다. 차 밖으로 나간 남자는 승용차 운전자와 무언가를 따지더니 차로 돌아와 안전벨트를 다시 매고 말했다.

"당신이 위험했잖아."

내 가슴속에서 잔물결이 일었다. 머릿속에서 풍경소리가 들렸다. 멋있었다. 남자다웠다.

 누군가로부터 '보호'라는 것을 받았을 때 우리는 안심하게 되며 여유로움을 느낀다. 남자가 섹시하게 느껴졌다. 거친 남성성에 나를 지키겠다는 행동까지…, 밥은 다 된 것이다.

 남편이란 사람은 자기에게 도움을 청하는 누군가를 거절하지 못했다. 욕심이 없는 사람이었다. 집에서 내가 기다리고 있어도 누군가가 만나자고 하면 그대로 나가서 코가 빨개지도록 마시고 들어오곤 했다. 잠든 척하는 내 옆에 누워 내 발목을 주무르며 연신 미안하다고 말하곤 했다. 우리 둘이 누울 만한 방 한 칸 있으면 되고, 함께 마실 친구들이 있다면 만사 오케이인 사람이었다.

결혼으로 부부라는 새로운 문을 열고 보니 남편이란 사람의 내용이 속속히 읽히기 시작했다. 거리를 두고 볼 때, 나와는 객관적인 거리가 확보되어 있을 때 내가 책임을 지지 않아도 되는 관계일 때는 관대하게 보였던 것들이 이제는 홍수처럼 떠밀려 내게로 들어왔다. 그렇다고 그를 남편으로 선택한 것을 후회한 것은 아니었다. 충분하게는 아니어도 꽤 긴 시간을 보아왔고 함께해도 좋겠다는 결심이 섰으니 다른 부분은 감수할 수 있겠다고 생각했다. 이해의 범위는 결혼생활이 지속될수록 늘어만 갔다.

 남편이란 남자와 남편이란 사람은 얼마만큼이나 다른 걸까? 그 간격은 얼마 만큼일까? 사람으로 만났을 때 그는 근사했다. 그 남자에게는 사람에 대한 깊은 측은지심이 있었다. 그러나 나는 남편이란 사람으로부터 여자로서 배려 받고 있다는 느낌이 오지 않았다.

 – 당신은 늘 그래, 남이 더 중요하지.

 – 당신은 항상 그래.

 '절대로', '항상', '늘' 이란 쓰면 독이 되는 영원불멸형 부사를 쓰며 소통을 하였으니 부부사이가 좋을리 만무했다. 그는 내 머리카락만큼이나 나를 사랑한다고 생각했으나, 나는 남편이란 남자의 머리카락을 밀고 싶을 만큼 미웠다. 우리가 서로를 공감하기에는 공통분모가 적었다. 나에게 남자와 남편 사이에는 무엇이 있었을까? 남자로서 남편은 내 마음을 뛰게 했던 감탄사라면 남편인 사람은 일상을 함께 살아가야 할 동사이다. 생활을 해야 하는 행위의 주체이다. 남자로만 보였다면 남편이 되기는 어려웠을 것이다. 남자는 넓어진 생활공동체의 주체로서 책임을 져야 할 것들의 고단함으로 자신의 정체성을 잃어가지 않았을까? 남편이란 도리를 지키느라 정작 자신을 알아갈 기회를 놓쳤을 것이다. 과부가 되고 나서 나는 한동안 남편이란 말만 나와도 속울음이 나왔다. 그가 사무치게 그리워서가 아니다. 남편이란 울타리가 없어진 그 빈 공간의 크기가 내가 헤아렸던 것보다 훨씬 넓었기 때문이다. 나는 내담자로 마주앉은 여성들에게 남편이란 울타리가 어떻게 자신의 권력이 되는가를, 또한 질곡이 되는가를 수도 없이 마주한다. 남편이란 울타리로만 만족해 하는 것을 볼 때나, 남자로서 남편을 기대하는 여성들을 만날 때 나는 가만 웃는다. 진작에 남편도 사람임을 헤아리는 노력을 하지 못했는가, 그도 나와 같다는 것을 왜 좀 더 뒤집어 생각해보지 못했는가, 성숙은 왜 무언가를 잃고 나서야 오는가에 대해 뼈저리게 아팠다. 회한은 어찌 이리도 갈수록 숙성되어 가는지….

찌니의
손목시계

　　　　　　　　　12월이 되면 우리 집은 축제 같은 연말 분위기와는 달리 우울 모드가 있다. 특히 나와 찌니가 그렇다.
　"엄마도 우울해? 나도 그러는데, 왜 그러지?"
　"아빠가 가신 날이 돌아오고 있으니까. 아마도 아빠가 우리에게 기억해 달라고 신호를 보내나봐."
　12월에 우리 집을 감싸는 기운을 설명해주자, 찌니가 이렇게 말을 한다.
　"그렇구나. 자꾸 아빠 생각이 났었는데. 아빠를 기억할만한 물건을 갖고 싶어."
　찌니가 나를 바라보며 덤덤하게 말했다.
　올해로 17살이 된 찌니는 통통한 편이다. 겨울 방학 동안 열심히 다이어트를 했지만 통통함을 유지하고 있는 장딴지와 팔목은 찌니를 슬프게 한다. 새해 아침, 찌니는 내가 잠들어 있는 침대 위로 뛰어올라 다이빙하듯 내 옆에 누우며 말한다.

"마미~오십 살 축하해. 기특해. 반백년을 살았네. 찌니는 세븐틴 세븐틴!"

찌니는 기분이 좋으면 말을 꼭꼭 힘주어 반복해서 말하는 버릇이 있다. 우리들도 기분 좋은 일이 생기면 찌니를 따라 하듯 반복해서 말을 한다. 찌니식으로 말을 하면서 우리는 서로 마주 보며 웃는다. 웃음꽃이 핀다.

10시 5분 전, 찌니의 학교 앞에는 정차한 승용차들이 좁은 골목길을 막고 있다. 오늘은 야간자율학습 첫날이어서인지 아이들을 마중 나온 사람들이 많았다. 나는 몇 바퀴를 돌아 겨우 차를 댈만한 공간을 찾았다. 나 역시 비상등을 켜둔 채 찌니를 기다린다. 찌니에게 카톡을 남겨두는 것을 잊지 않고서 말이다

전화벨이 울렸고 아이의 환한 목소리가 핸드폰 안에서 들려온다. 사랑스런 향기가 마치 방향제를 뿌려놓은 듯 내 안에 퍼진다. 활짝 웃으며 나를 향해 뛰어온다. 앞좌석에 앉으며 안전벨트를 맨다. 자신에게 눈을 떼지 못하고 있는 나에게 찌니는 조잘조잘 오늘 학교에서 있었던 이야기를 하기도 하고 핸드폰을 만지기도 하고 나의 볼을 만지기도 한다. 나는 찌니의 손을 잡는다. 찌니는 손목의 반을 가릴 만큼의 큰 시계를 차고 있다. 갈색 가죽끈에 금빛 나는 시계이다. 잠시 나는 아이의 손목시계를 바라보다가 이내 앞차

의 움직임에 시선을 둔다.
 "마미, 사람들이 나를 꿀 떨어지듯이 바라봐. 내가 이쁜가봐."
 "아이구, 그걸 이제야 알았어?"
 우리는 찌니에게 많은 별명을 붙였다. 밀가루떡, 니혼모찌, 땀뚱띠(땀 냄새 나는 뚱뚱한 띠니), 뚱참이(뚱뚱하지만 참말로 예쁜이), 세젤귀(세상에서 젤 귀여운). 내가 기억하는 별명은 이 정도지만 사실 이보다 더 많은 별명으로 불렸지만, 찌니는 자신을 찌니삐로 부를 때를 제일 좋아한다.
 찌니가 10살 때 남편은 떠났다. 열 살에 아빠를 잃은 심정을 엄마인 나로서도 짐작하기 어려웠다. 나 역시 당황스러움 그 자체여서 되도록이면 찌니에게 아빠 이야기를 꺼내지 않는 것으로 노선을 잡았다. 열 살까지의 찌니는 조용한 아이였다. 아무런 동요 없는 일상을 보내는 것 같아서 안심이 되었다. 가끔 우울한 낯빛을 보이면 아이를 태우고 대형마트를 가는 것이 내가 하는 일이었다. 아이가 필요한 것을 사주는 것으로 아이의 마음을 풀어주었다고 생각했다.
 그날도 같이 장을 보고 돌아오는 차 안에서 찌니가 내게 물었다.
 "엄마도 아빠가 보고 싶어?"
 아이의 뜻밖의 질문에 당황스러웠다. 남편을 보내고 보고 싶은지, 그가 없는 자리를 어떻게 해야 하는지 갈피를 잡을 수 없는 상태였던 때라 잠시 할 말을 잃었다. 침묵이 불편했을까. 그 침묵을 깨트리듯 "아빠가 보고 싶은가 보네. 그럼 엄마가 아빠의 빈자리를

새 아빠로~"라고 능을 치는 순간 찌니는 운전하고 있는 나를 때리며 울음을 터트렸다.

"엄마. 나빠. 엄마 진짜 나빠."

나빴다. 말을 하면서도 내가 나쁘다는 것이 감지되었지만 내 안에서 일어서는 감정들을, 미친 듯이 갈라지기도 하고 몸에서 모든 것이 빠져나가 버린 듯한 빈 껍질 같은 느낌을 들키지 말아야겠다는 생각뿐이었다. 아이의 울부짖음을 어떻게 달랬는지 기억나지 않는다. 다만 그 일은 나에게 찌니를 살펴보게 된 하나의 사건이 되었다.

　남편의 장례식에 온 많은 사람들은 찌니의 머리를 쓰다듬으며 안타까워했다. 머리에 하얀리본을 꽂고, 흰 치마저고리 상복을 입은 찌니는 나풀거리는 하얀 나비 같았다. 찌니는 장례식장을 뛰어다니기도 하며, 웃기도 하며, 울상을 짓기도 하며, 졸린 눈으로 손님들을 맞이하기도 했다. 남편의 영정 앞에 나란히 앉아서 우리는 이 갑작스러운 일을 어떻게 해석해야 할지 난감해 했다. 찌니의 나이도 나풀거리는 상복도 보이지 않았다. 사람들이 찌니에게 향했던 그 짠한 눈빛을 나는 의도적으로 '괜찮아, 괜찮아' 하며 외면했는지도 모르겠다.

　석 달이 지나서야 남편이 살았던 집을 정리해야 한다는 생각이 들었다. 남편이 살았던 방에는 책상 하나 옷장 하나, 세탁기와 냉장고, 그리고 책들이 전부였다. 책상 위에서 나는 남편이 썼던 다이어리를 보았다. 다이어리에는 찌니와 남편이 함께 찍은 사진이 끼어 있었다. 찌니가 보라색 블라우스에 초록색 치마를 입고서 손가락을 브이로 편 채 아빠에게 안겨 웃고 있는 사진이었다. 다이어리에는 찌니가 쓴 손편지도 있었다. 어버이날에 찌니가 쓴 편지는 이렇게 시작되었다.

　아빠에게
　아빠, 많이 힘드시죠? 가족들이랑 떨어져 사시니깐 많이 외로우실 것 같아요. 우리는 재미있게 지내는데 아빠가 혼자 외로우실까

봐 저는 걱정이 되어요.

또 아빠가 외롭다고 술을 드실까봐 걱정도 되어요.

오늘 학교에서 금연교육을 받았어요. 담배는 건강에 해롭다고 해요.

아빠 담배 쪼금만 피었으면 해요. 술도 조금만 마셨으면 해요.

학교가 끝나고 아빠 집에 자주 들러서 가고 싶은데 작은언니랑 만나서 버스를 타고 가야 해서 자주 올 수 없어도 아빠 서운해 하시지 마세요.

아빠 사랑해요.

어서 우리 가족들이 다 같이 살았으면 좋겠어요.

그리고 어버이날을 축하드려요.

편지를 읽는 동안 나는 흘러내리는 눈물을 닦을 수도 없었다. 이렇게 무자비하게 흘러내리는 눈물이 내 속에 있었는지 '미안해, 미안해' 라는 말이 내 입에서 저절로 나왔다. 대체 우리에게 무슨 일이 일어난 건지, 내가 무슨 일을 저지른 건지, 내가 아이에게 무슨 짓을 한 건지. '미안해 찐아. 엄마가 잘못했어.' 나는 빌었다. 눈물이 범벅이 된 채, 남편의 유품을 정리하지도 못한 채….

금요일 오후였다. 서둘러 아파트를 나서고 있었다. 전날 차를 멀리 두었던지라 아파트 단지를 나와 모퉁이를 돌 즈음이었다. 아이들의 웃음소리, 왁자지껄 떠드는 소리가 들렸다. 아파트 담벼락에 가방을 던져 둔 아이들은 언덕에서 흙들이 흘러 내리지 않게 시멘

트로 방어벽을 쌓아둔 벽을 타오르고 있었다. 우리가 사는 아파트는 언덕 중앙에 있었던지라 아파트 키높이로 산도 아니요 공원도 아니요 밭도 아닌 형태의 빈터가 있었다. 이 빈터를 감싸는 담이 있었고 성인 키 두 배에 해당하는 담은 높았다. 그 담을 향해 여자아이들이 달려가서 담벼락을 치고 올라가는 것이었다. 얼핏 보기에 초등학교 저학년으로 보였다. 아이들 쪽으로 눈을 돌렸는데, 거기에 찌니가 있었다. 가장 큰 동작으로 빨갛게 상기된 얼굴로 재미있어서 어쩔 줄 몰라하는 표정으로 말이다. 친구들에게 시범을 보이기라도 하듯 그렇게 담을 오르고 있었다. 내가 알고 있던 집안에서 본 찌니가 아니었다. 생전 처음 보는 낯선 아이가 아이들 틈에서 놀고 있었던 것이다. 나는 깜짝 놀랐다. 나와 시선이 마주친 찌니는 잠시 눈을 내게 두더니 손을 흔들며 어서 가라 한다. 내가 아는 찌니와 내가 모르는 찌니. 그 사이에 저 벽만큼의 높이가 있었구나.

중3 겨울방학이 시작되자 찌니는 내게 용돈을 달라고 했다. 시계줄을 갈아야겠다고 했다. 우연히 엄마의 화장대에서 엄마 아빠의 결혼예물을 보았고 아빠의 예물 시계를 자신이 가져도 되느냐는 것이다. 시계줄을 갈아서 차고 다니고 싶다고 했다. 아빠에게 받은 고등학교 입학선물이라며 찌니가 브이를 하며 웃었다.

찌니가 17살이 된 것을 알기라도 하듯 남편의 시계가 아이에게 말을 건넨 것일까. 내 손목에서 걸어가고 있는 시간과 찌니의 손목에서 걸어가고 있는 시간은 세상에 형체는 없지만 그가 우리들의 한 부분으로 같이 하고 있다는 것을 믿게 하는지도 모른다. 찌니가 손목시계 안에서 아빠의 사랑을 느끼듯 나도 그와 함께하고 있음을 안다. 똑각똑각 그도 우리와 같은 시간을 살아가고 있겠구나. 그렇구나. 그렇구나.

엄마를
사랑하지 않을 권리

첫째 요니는 2월생이다. 나는 8살에 초등학교를 보내고 싶어 아이에게 미리 한글 학습을 시키지 않았다. 두 살 세 살 터울로 둘째와 셋째가 있었으니 사실 나는 요니에게 신경을 쓸 만한 시간적 물리적 여유가 없었다. 요니가 7살이 되었을 때는 막내가 이제 막 걸음마를 끝내고 돌진하려고 애쓰는 무렵이었으며 나도 역시 이제 막 복직을 해서 일에 적응하느라 정신이 없었다.

나는 신념에 따라 장애아동과 비장애아동이 같이 생활하는 통합 어린이집을 보냈다. 다행히 아이는 그 어린이집에 가는 것을 매우 좋아했다. 심한 발달장애를 앓고 있는 아이들이 많았음에도 그 아이들과 잘 어울려 놀았다.

요니는 때때로 얼굴에 멍이 들어오기도 했다. 속상해 하는 엄마의 마음을 위로하기라도 하듯 그 상황을 설명해주기도 했다. 미끄럼틀을 타고 있는데 밀었다는 것이다. 순간적으로 밀어버린 아이를 미워하기보다는 "내 말 알아들었으면 좋겠어. 그게 위험하다는 것을 알았으면 좋겠어."라고 표현하는 것을 보며 나는 통합어린이집에 보낸 것을 잘한 일이라고 스스로 위안 삼았다. 어린이집 선생님들은 당연히 비장애 아이들의 학습에는 관심을 둘 수가 없었다. 잠시도 가만 있지 않는 아이들을 돌봐야 하는 상황이었으므로 진득하게 앉아서 학습을 하는 일은 쉽지 않았다. 주로 몸을 움직이는 활동 중심으로 계획안은 짜여 있었다. 들로 산으로 나가 놀았기에 아이는 행복해 했다.

입학통지서를 받고 나는 망설였다. 8살에 보내기에는 아이의 발육이 빨랐다. 또래보다 머리 하나가 큰 아이의 키는 나에게 망설임을 주었다. 고민에 고민을 더하다가 결국 보내기로 했다. 글자를 쓰기는 어려워했지만 읽는 것은 가능했기에 한글을 깨치는 일은 그리 어려운 일이 아니라고 생각했다. 그러나 입학을 하고부터 나의 고통은 시작되었다. 등교를 시키는 일부터 아이의 준비물을 챙기는 일까지, 그야말로 전쟁이었다. 받아쓰기를 보고 틀린 시험지를 볼 때마다 특히 한글을 가르치지 않았던 나에 대한 자책이 솟구쳐 올라왔다. 그 감정은 곧바로 한글을 잘 익히지 못하는 아이에게 날아갔다.

요니는 점점 엄마와 한글 공부를 멀리했으며, 그런 아이를 억지로 가르치면서 나는 부정적 감정의 종합세트를 아이에게 다 공개

하고 말았다. 한번 달리기 시작한 감정은 주저하기를 꺼리며 급기야 아이에게 손을 대기 시작했다. 공포에 질린 아이는 울지도 못하고 화를 내는 엄마를 바라볼 뿐이었다.

나에게 첫째 요니는 신기함 자체였다. 알 수 없는 미지의 영역에 내가 착륙했구나 싶어 나는 마치 낯선 대륙을 탐색하듯 아이를 살폈다. 아들이 아닌 딸을 키우는 것에 대해 우려의 목소리를 내기는 했지만 나는 딸을 낳은 것이 너무 좋았다. 나를 직면시켜준 아이를 나는 정서적으로 따뜻하게 그 시기를 즐기며 잘 키우고 싶었다. 책도 노래도 바깥 공기도 많이 접하게 해주자고 다짐했었다.

둘째를 낳고 얼마 지나고 나서 친정아버지가 우리 집에 오신 적이 있었다. 그때 요니는 4세반 유치원을 다니고 있었다. 아이가 타는 유치원 버스가 내리는 곳까지 마중을 가는데 약속한 시간보다 유치원 버스가 일찍 도착해 있었다. 우리를 보자 아이는 버스에서 내렸고 활짝 웃으며 '엄마'라고 부르며 뛰어왔다. 나는 양팔을 벌렸고 아이는 그 팔 사이로 들어와 안겼다. 꼭 안고 볼을 비비며 내가 묻는 말에 끊임없이 대답하는 광경을 보고 있었던 아버지가 한 말씀 하셨다. "세상에 누가 니 새끼만큼 너를 좋아하겠냐?"

그렇게 이뻐하고 늘 귀 기울이며 살뜰했던 엄마가 괴물로 바뀌었으니 아이가 얼마나 스트레스가 많았을까. 최초로 손을 댄 그 기억은 아이에게도 나에게도 상처로 남았다. 그 상처를 덮어둔 채 나는 나를 합리화했으며 아이의 탓을 하기도 했고, 남편의 탓으로 돌리기도 했다.

최근에 앨리스 밀러의 『사랑의 매는 없다』는 책을 읽었다. 그 책을 통해서 나는 아이에게 손을 댄 그 시간을 고스란히 만날 수 있었다. 그리고 정말 미안하고 부끄러웠다. 그러면서도 인정하고 싶지 않은 어떤 마음들이 내 속에서 부유하고 있었다. 저녁 산책을 나서며 나는 핸드폰을 챙겼다. 산책을 마치고 오는 길에 아이와 통화를 해야겠다고 생각했다. 봄밤의 공기는 훈훈했다. 무심천변을 따라서 걸으며 나는 내 안에서 회피하고자 했던 그것이 무엇일까를 생각했다. 운동을 나온 사람들이 빠른 걸음으로 나의 어깨를 치고 가며 "미안해요."라고 인사를 건넸다. 계절의 변화를 느끼듯 내 안에서 일어나는 것들을 잘 느끼고 싶었다. 나를 위로해주는 듯 등줄기를 타고 흐르는 땀이 물방울처럼 등을 타고 내려갔다. 걸었던 탓인지 조금은 마음의 체력을 갖춘 듯했다. 전화벨이 울린다. '달려라 회영'이 뜬다.

"마미꿍, 뭐해? 나 이제 끝났어."

요니는 나를 엄마라 부르지 않고 마미꿍이라 부른다. 그렇게 나를 부르는 것이 재미있다. 특별하게 생각되어 좋다. 요니는 언어 사용에 남다른 구석이 있다. 생각지도 못하는 것을 표현해낼 수 있는 감각이 있다. 나는 이야기를 시작했다. 그 시간을 기억하냐고 엄마가 그때 너를 때렸던 것을.

"아이, 왜 이러세요?"

"미안해. 변명의 여지가 없어. 엄마가 나빴어."

요니는 서둘러 엄마가 잘못한 거 없다고 말한다. 엄마가 그럴 만

했다고. 나는 아이의 말을 들으며 진심이냐고 물었다. 엄마를 배려하기 전에 너를 먼저 배려했으면 좋겠다고 말했다. 엄마의 처지에서 생각하기보다는 그 당시 네 마음이 어떠했는지에 집중해보라고 말했다. 얼마간의 정적 끝에 요니는 엄마가 괴물 같았다고, 왜 저러는지 이해도 안 되었다고, 엄마가 싫었다고. 아이의 입에서 거친 표현들이 나왔다. 거친 표현들을 들으며 변명하고픈 마음이 일어났다. 엄마는 미성숙했고, 양육 스트레스가 많았다고 말하고 싶었다. 그러나 나는 할 수가 없었다. 아이가 멍하니 나를 바라보았듯이 나도 가만히 아이의 말을 들었다. 충분하게 안전하게 제대로 말할 수 있게 마음의 귀를 열었다. 그리고 어른답지도 엄마답지도 못했다고, 고백했다.

"마미꿍도 최선을 다했지만, 그 최선에서 미끄러진 것들이 있었던 거지."

멋지게 정리했다. 우리는 한 시간을 넘게 통화하면서 비로소 딸이 아닌, 엄마가 아닌, 사람으로 서로의 마음을 나누었다. 그 순간이 어찌나 봄바람처럼 푸근하고 따뜻하던지 절로 사랑한다는 말이 쏟아져 나왔다. 고마웠다. 너로 인해 엄마가 어른으로 성장할 수 있었다.

부모들은 자식을 사랑한다고 말한다. 내리사랑이라고 말한다. 이 말도 부분 맞는 말이긴 하다. 하지만 나는 자식들이 부모를 더 사랑한다는 것을, 자식이 부모를 정서적으로 돌본다는 것을 상담 현장에서 많이 보아왔다. 죽도록 맞거나 부당한 보호를 받았음에도 불구하고 아이들은 자신이 잘못해서 부모가 나를 때렸고 그렇게 때리지 않았으면 오늘의 나보다 훨씬 못 살고 있을 거라고, 맞을 만했기에 사랑하는 부모가 나를 때렸다고 말한다. 또 누구누구에 비하면 우리 부모는 심하지 않았다고 말한다.

우리는 부모를 비난해서는 안 된다는 문화 속에서 살아왔다. 부모의 깊은 뜻을 헤아려 보라는 것에 길들여져 있다. 우리가 배운 도덕과 윤리는 우리가 태어나기도 전에 어른들의 편에 서서 부모의 입장만을 피력해왔다.

나는 나와 똑같은 아이를 셋이나 낳아서 키우고 있다. 때로는 미치게 소용돌이치며 롤러코스터를 타는 것 같은 감정에 놓이기도 하지만, 나는 부모를 통해 그들의 미성숙이 무엇인지를 알았다. 그들이 내게 한 것 중 무엇이 좋고 무엇이 나쁘고 무엇이 괜찮은지 알았다. 그들은 내게 묻지 않았다. '내'가 어떤지, 지금 내가 주저하고 망설이는 게 무엇인지 알아볼 시간을 주지 않았다. 내 불안이 얼마나 크고 깊은지를 그것들의 대부분을 그들이 내게 주었음에도 내 느낌을 내 두려움을 알려고 하지 않았다. 나는 그 불안을 감추려고 했다. 사랑했기에 부모님에게 고통을 주고 싶지 않았기에 혼자 감당하려고 했다. 그러나 그것은 감당하려고 하면 할수록 거대해진다는 것을 알게 되었다. 두려움은 누군가와 든든한 연결감을 느낄 때 아무런 힘을 발휘하지 못한다는 것을 말이다.

사랑의 매는 없다. 사랑과 매가 어떻게 동등하게 놓일 수 있겠는가? 사랑의 매는 내가 지금 모순에 빠져있다는 증거일 뿐이다. 매를 드는 일이 폭력이 어떻게 사랑이 될 수 있겠는가. 기만일 뿐이다. 자기 안의 다스려지지 않은 분노를 투사하는 것일 뿐이다. 아이와 나눌 수 있는 것들이 수없이 많음에도 매라는 것을 선택하는 것은 자신의 무능력의 다른 이름이다.

당신은
어떤 사람이야?

처음 남편과 연애를 시작했을 때 우리는 자주 걸었다. 같이 술을 마셨고 많은 이야기를 했다. 초봄 어느 날, 우리는 무심천 벤치에 앉아 있었다. 천변 벚나무에 새순이 돋아나고 있었다. 봄바람은 제법 쌀쌀해 옷깃을 여미게 했다. 그는 입고 있었던 두툼한 점퍼를 벗어 내 어깨에 걸쳐주며 물었다.

"당신은 어떤 사람이야?"

"당신이 좋아하는 것은 무엇이야?"

그 눈빛이 하도 진지해서 나는 눈물을 쏟을 뻔했다. 누가 이렇게 직접적으로 '당신을 알고 싶어'라고 물었던 적이 있었던가. 그가 내 속으로 훅 들어 온 느낌이었다. 그러나 질문을 받은 순간 뭐라고 답할 수 없었다. 나를 가장 잘 아는 사람은 '나' 아니야? 너무도 당연하게 여긴 것에 대한 질문이었는데 그럼에도 불구하고 나는 답을 하지 못했다. 왜 대답하지 못했을까?

사실 나는 '나'에 대해 잘 안다고 생각했고, '나'를 거침없이 주장했다. 그 순간 아마도 그게 정말 '나'가 맞는가에 대해 주춤했던 건 아니었을까? 고민 없이 '나'라는 허상을 만들고, 타인들이 '나'를 알아봐주기를, '나'에 대해 예찬해주기를 바랐던 때였다. 남편과 만났던 당시, 나는 사회운동단체에서 일을 하고 있었다. 그는 그런 나를 대단한 사람으로 대했다. 나도 그렇게 생각했다. 밥은 늘 그가 샀다. 고작 한 살이 많았을 뿐이고 같은 학생 처지였는데도 말이다.

그와 좀 더 친밀해졌을 때 그가 "당신이 좋아하는 것을 알려주세요. 나는 당신에 대해 알고 싶어요." 라고 말한 것은 당연한 물음임에도 너무나 뻔해서 한동안 외면하고 있었다. 거대한 것들 속에 나를 가두고 그 거대한 형식으로 '나를 봐줘'라고 오히려 주문했다. 나를 부풀리고 있었다. 무엇엔가 도취된 '대단한 나'를 내려놓을 수 없었다. '나는 어떤 사람인가?'보다는 '나는 어떤 사람이어야 하는가?'에 대해 더 많은 에너지를 쓰며 살아왔던 나를 멈추게 한 그의 질문은 내가 '나'와 대면하게 한 최초의 질문이었다. '어떤 세상을 만들고 싶은가?', '어떻게 살고 싶은가?'라는 질문은 수도 없이 많이 받아왔고 나는 막힘없이 줄줄 대답했다. '당신은 누구에요?', '어떤 사람이에요?', '좋아하는 것은 무엇이에요?' 거침없이 물었던 내가 정작 나 자신에 대해서는 무어라고 선뜻 말할 수가 없었다. 서른이 가까운 그 즈음까지.

나는 나를 몰랐다. 내가 원하는 것을 몰랐던 것이다. 그럴듯한 나에게 사로잡혀 있었다는 것을 꽤 시간이 흐른 후에야 알았다. 그럴듯한 나로 봐주기를 기대했기에 주변의 시선에 매순간 나는 흔들렸고 그것을 아파했다. 유쾌하지 않은 경험이었다. 그럴듯한 나로 봐주지 않는 사람들 때문에 많은 시간을 번민했다. 어느 순간 그의 질문이 내 속에서 살아났다.

그의 질문은 정지화면으로 남아서 내게 대답을 강요했다.

'나는 누구냐?'

몰아세우던 화면, 그 화면을 끄고 싶기도 했지만, 끌 수 없었다.

그날 그의 질문에 나는 무엇이라고 대답했는지 기억나지 않는다. 다만 숨고 싶었고 부끄러웠던 느낌은 지워지지 않고 남아있다.

지금도 정신없이 달려가고 있을 때 가끔은 나를 멈추게 하는 남편의 목소리가 들려오곤 한다.

"그거 당신이 좋아하는 거 맞지?"

살리는 말

우리는 꼭 듣고 싶은 말을 찾아 다니며 살아간다. 그 말을 듣기 위해 우리는 큰 비용을 내기도 하고 힘든 일들을 마다치 않고 견디며 해내기도 한다. 우리 주변에는 듣고 싶은 말을 해주는 사람들이 많다. 학연 지연 혈연 중심으로 움직이는 작은 공동체들이 많기에 그 중 어디에선가 마음을 나누며 지낼 수 있는 사람들이 있다는 것이다. 고통에 차 있는 사람에게 진심 어린 위로의 말이 필요한 경우도 있지만, 꼭 듣고 싶은 말의 핵심은 인정의 말들일 것이다. '잘했다' 라는 말, '괜찮다' 라는 말, 자책에 사로잡혀 있는 사람에게 '네 잘못이 아니야' 라는 말은 힘든 상황에 부딪쳐 있는 한 사람을 살려내는 말이기도 하다. 듣고 싶은 말을 해주는 사람들이 곁에 있다면 살아가는 일이 조금은 덜 고단할 것도 같다.

서울에서 생활하는 딸이 긴 휴가를 받아 내려왔다. 독립을 한 지 3년이 된 딸은 이제 제법 아가씨 티가 나기도 하고, 직장인 티가 나기도 한다. 딸은 고등학교를 졸업하고 대학이 아닌 학원으로 갔다. 자신이 원하는 것을 하기에는 자신의 재능으로는 어렵다는 것을 알았다며 자신이 일하고 싶은 분야에서 창작자가 아닌 숙련된 기술자가 되겠다며 학원을 선택했다.

나는 대학을 가지 않겠다는 아이의 말이 내심 서운했다. 대학은 지식을 배우는 곳이기도 하지만 관계를 배우는 곳이기도 하다. 지금도 내가 듣고 싶은 말을 솔직하고 따뜻하게 해주는 사람들은 대학 때 같은 동아리를 한 사람들이다. 여전히 그들은 내 삶에서 중요한 타인으로 있기에 그 관계를 맺을 기회를 날려버린다는 것이 아쉬웠다.

대학과 학원을 병행하면 어떻겠냐는 제안을 아이는 한마디로 정리해버렸다. "그럼 비용이 많이 들고 내가 힘들잖아."

아이의 말은 엄마는 능력이 안 된다는 것이고, 엄마나 자신에게 과중한 경제적 부담을 지우면서까지 서로에게 심리적 부담감을 감당해야 하는 상황을 만들고 싶지 않다는 말이기도 했다. 나는 아이의 말을 받아들였다.

우리 사회는 이미 초학력 사회이다. 대학 진학률이 고등학교 진학률에 임박해 있다. 중학교를 졸업하고 고등학교에 진학하듯 당연하게 대학에 진학한다. 무엇을 공부하고자 하는 것이 아니라 초등학교 입학과 동시에 어느 대학을 가느냐에 목표를 두고 있기에 초중고 생활은 학업과의 싸움이라고 봐도 틀린 말은 아닐 것이다. 교과 과정은 대학진학에 초점이 맞춰져 있다.

그 당연한 대열에서 '멈춤 버튼'를 누른 딸아이가 두고두고 고마웠다. 정말 잘했다. 참 잘했다.

아이는 40일의 유급 휴가를 받았다며 그중 절반인 20일은 여행을 다녀오겠다고 한다. 마감 시간에 맞추기 위해 새벽까지 일하고 밤을 새우며 일하는 경우가 다반사여서 걱정이 많았다. 걱정을 하는 나에게 "걱정하는 것이 엄마의 역할인 것은 알지만, 응원해줘."라고 말하는 아이는 엄마인 나보다 어른 같아 당황스러울 때도 많다.

응원의 말, 박수치는 말, '잘했다 참 잘했네' 라는 말은 듣는 사람도 기분 좋은 말이지만 사실 그 말은 하면 할수록 자신에게 더 좋은 에너지를 준다. 새해가 밝았다. 자기 자신뿐만 아니라 곁에 있는 사람들을 살리는 말들이 아낌없이 오가는 한 해이기를 기대해 본다.

자신감
도둑

　막내가 다이어트를 시작했다. 먹는 것을 워낙 좋아해서 잠들기 직전까지 음식을 달고 살아서 그런지 막내는 통통한 몸을 가지고 있다. 앉아서 생활하는 시간이 절대적으로 많은 고등학생인지라 몸을 움직일 시간 또한 부족하고, 이러저러한 스트레스를 먹을 것으로 풀다 보니, 몸무게가 느는 것은 당연하다고 생각했지만 걱정이 안 되는 것은 아니었다.

　점점 넓어지는 아이의 등을 보며 나는 마음속으로 저러다가 등이 장롱만 해지는 것은 아닌지 걱정스럽게 바라보곤 했다. 늦은 밤 맛있게 야식을 먹는 막내에게 나는 소형냉장고 문짝에서 대형냉장고 문짝으로 가는 거냐고 놀리며 아이의 다이어트를 독려했지만, 번번이 실패했다. 그럴수록 나의 의도와는 달리 아이가 음식을 챙겨들고 자기 방으로 들어가는 횟수는 늘어만 갔다.

그런 아이가 다이어트를 한다고 하니 반가운 일이었다. 반 친구들 셋이서 다이어트 그룹을 만들었다고 했다. 저녁마다 야식으로 먹고 싶은 사진을 올리고 그것을 먹었을 때 벌금으로 오백 원을 내는 것이라고 했다. 나는 아이의 말을 듣자마자 "용돈 좀 쓰겠네. 벌금 모아서 다시 치킨 먹고, 떡볶이 먹고, 더 살찔 일만 남았네." 했다. 나의 말이 끝나자마자, 아이는 나를 째려보며 말했다. "엄마는 자신감 도둑이야."

한 대 맞은 기분이었다. 사실 귀여워서 한 말이었다고, 엄마는 늦은 밤 야식이 건강에 좋지 않아서 장난삼아 말한 것이라고 서둘러 말했지만 때는 늦었다. 기차는 떠난 것이다.

여자아이에게 자기 외모에 대한 수치심을 갖게 하는 결정적인 원인은 대개 부모의 태도에서 비롯된다. 가장 가까운 사람들의 반응에서 아이는 그들의 시선을 내재화한다.

부인하고 싶지만 이미 여성의 몸은 상품화되어 있다. 걸그룹의 마른 몸에 많은 여자 청소년들의 시선이 맞추어져 있고, 그들의 옷과 춤과 노래에 자신을 복제화 하는 경우가 많다. 좋아하는 연예인을 자신의 우상으로 만들고 그들과 동일시하고자 한다. 그들의 노래를 들으며, 춤을 따라 추며, 그들의 몸과 미소를 보면서, 그들의 역할을 그대로 복제하며, 그들의 몸짓을 완벽하게 표현하고자 노력한다. '나'는 없어지고 그들과 같아지려는 '나'만 있을 뿐이다.

세상의 모든 부모는 자신의 아이들이 자신감이 넘치는 사람으로 자라길 바란다. 나 역시 우리 아이가 어깨를 펴고 당당하게 자신을 세우며 표현하기를 바란다. 주눅 들지 않고 자기 자신을 온전하게 긍정하며 살아가기를 바란다. 그러나 어떻게 자신감을 키워야 하는지에 대해서는 잘 알지 못했다. 아이의 말을 듣고서 나 역시 나의 자신감을 훔쳐간 사람들을 떠올려보았다. 그러고 보니 자신감 도둑은 곳곳에 많이도 숨어 있었다. 가장 가까운 사람들의 한마디 말에서, 누구와 누구를 비교하는 눈빛에서 매일 보는 텔레비전에서 곳곳의 활자에서 자신감 도둑들이 숨어 있었다. 또한 그런 문화를 만들고 사회 환경을 유지하는 것에 일조하며, 가짜 정체성을 주입하는 대상에 대해서는 문제를 제기하지 않는, 침묵하는 다수가 누구에게는 자신감 도둑일 수 있다. 자기 자신으로 살아갈 능력이 없을 때 또한 자기다움으로가 아닌 다들 그렇게 살아가는 거라며 개성을 존중하지 않는 사회에서는 무기력이 만연한다. 나답게 산다는 것이 얼마나 어려운 일인가에 대해서 새삼 말해 무엇하리. 꼭꼭 숨어있는 도둑들은 잡아야 한다.

제2부
해님 달님

이름을 알 수 없는 꽃들을 볼 때마다 나는 늘 아득하다.
닿을 수 없는 그 미묘한 느낌은 계절이 바뀌도록 내 속에 남아있다.
아마도 아버지에게 다하지 못한 마음 때문인지 모른다.
그 마음의 빛깔이 아쉬움인지 그리움인지는 정확하게 알 수 없지만.

꽃구경
가는 날

꽃들이 앞다투어 피어나는 구례에서 나는 초중학교 시절을 보냈지만 이름을 알고 있는 꽃이 많지 않다. 봄의 전령사인 산수유꽃을 필두로 남도 구례는 온갖 꽃들이 모양과 향기를 내뿜으며 피어난다. 골목 어귀나 담장 너머로 어디서든 꽃을 볼 수 있었다. 꽃 이름이나 꽃말은 몰랐지만 꽃은 늘 생활 일부분처럼 내 곁에서 피고 졌다. 굳이 지금처럼 꽃을 보려고 관광버스에 오르지 않아도 말이다.

나무에 연둣빛이 아지랑이처럼 아른거리고, 그 위로 노란 꽃망울이 생기면 나는 아버지를 만나러 간다. 음력 3월 초는 아버지의 기일이다. 나에게 그날은 일박 이일로 꽃구경을 가는 날이기도 하다.

아버지는 암진단을 받으신지 6개월 만에 세상을 떠나셨다. 너무도 갑작스러운 이별이었다. 아버지가 그렇게 가실 거라고는 생각하지 못했다. 팔순을 넘은 나이에 비해 아버지는 건강하셨다. 다만 소화력이 떨어지시는 것 같다며 서울의 큰 병원에서 종합검진을 받아보고 싶다 하셨다. 말씀만 종합검진이셨지, 서울 나들이에 가까웠다. 서울에 사는 자식들도 볼 겸 여행 삼아 떠나셨던 길이였기에 우리는 결과를 크게 신경 쓰지 않았다. 손을 흔들며 당신의 걸음으로 기차에 타신 아버지는 한 달 만에 엠블런스에 실려 집으로 돌아오셨다. 아버지의 암 선고는 당신에게도 가족인 우리에게도 황망스럽기 그지 없는 일이었다. 어머니가 세상을 떠나신지 딱 일 년이 지나서였다.

아버지가 돌아가신 아침은 환장하게 날이 좋았다. 장지에 가는 길은 섬진강변 남도 삼백 리 길이었다. 섬진강 벚꽃길을 시속 20km으로 달리는 장례 차량 위로 꽃비가 내리고 있었다.

"기사님 차 좀 세웠다 가시죠."

큰언니의 제안에 차는 정차했고, 버스에서 내린 우리는 상복을 입은 채 벚꽃 나무 아래에 서서 멍하니 눈이 시리게 핀 벚꽃들을 바라보았다. 오빠들은 담배를 피우며 꽃이 아닌 다른 곳에 시선을 두었다. 사위들은 아이들이 꽃을 가까이 볼 수 있게 벚꽃나무 가지 사이로 아이들을 안아 올려주었다. 여린 분홍빛의 벚꽃잎이 서너 개 달린 꽃가지를 꺾어 아이들 손에 들려주자, 아이들은 알려주지 않았음에도 우리의 머리에 꽃을 꽂아주었다. 웃지도 울지도 못하는 어른들과는 달리 아이들의 웃음소리는 맑고도 상쾌했다. 도무지 실감할 수 없는 이 찬란한 봄나들이를 무엇으로 표현하랴.

"인생사 일장춘몽이야!"

"우리 아버지 참 좋은 날 택해서 좋은 곳으로 가셨네."

큰언니가 입을 떼자 작은언니가 그 말을 받았다. 언니들의 말에 우리는 가만가만 고개를 끄덕였다. 아버지는 당신을 보러오기 좋은 날을 택하신 것은 아닐까? 당신이 줄 수 있는 마지막 선물은 아니었을까?

봄이 오면 나는 꽃들이 궁금해진다. 지금 남도에는 무슨 꽃들이 피고 있을까? 산수유꽃이 피었다는 소식이 들려오면 나는 꽃의 향기를 찾아 그곳으로 몸을 돌린다. 이름을 알 수 없는 꽃들을 볼 때마다 나는 늘 아득하다. 닿을 수 없는 그 미묘한 느낌은 계절이 바뀌도록 내 속에 남아있다. 아마도 아버지에게 다하지 못한 마음 때문인지 모른다. 그 마음의 빛깔이 아쉬움인지 그리움인지는 정확하게 알 수 없지만, 시간이 지날수록 꽃향기는 더욱 진하게 전해진다.

무엇이
중헌디?

얼마 전 상담실을 찾은 아이가 떨어지는 눈물을 닦으며 이렇게 말했다.

"정작 중요한 것에는 관심 1도 없어요. 몇 등 했는지, 몇 등급인지만 물어요. 내 기분과 감정에는 관심도 없으면서 내가 무엇을 하고 싶은지 힘든지는 알려고도 하지 않으면서…… 정말 싫어요. 네가 무얼 하겠어? 라는 눈빛 너무 싫어요."

터져 나오는 울음은 좀처럼 그쳐치지 않았다. 아이는 아빠의 관심을 기다리다 지쳐 자기 안에 있는 분노의 강에 돌을 던지며 소리치는 것 같았다.

하코미 심리치료(Hakomi psychotherapy)에서는 Doing과 Being의 사랑을 말한다. 무언가를 해서 받은 사랑(Doing)과 존재 그대로 받은 사랑(Being)의 균형감각을 중요하게 다룬다. Being의 사랑이 전제되지 않으면 평화로운 관계 맺기는 어렵다. 상대를 있는 그대로 봐주는 일, 쉽지 않다.

'나'를 있는 그대로 지금의 '나'를 긍정적으로 바라볼 수 있는 여유나 관대함이 있다면 무엇이 문제이겠는가? 그러나 우리는 항상 무언가를 해야만 인정받았으며 사랑받았거나 체벌을 받지 않았기에 스스로를 감시하며 평가하며 그리고 질책하며 인정받고 싶은 누군가의 눈을 의식하며 살아가는 Doing의 사랑 곧 조건적인 사랑에 익숙해져 있다.

요즘 아이들은 무기력하다. 연체동물처럼 흐물거리듯 책상에 엎드려있거나 눈을 감은 듯 만 듯 어디를 보고 있는지 무슨 생각을 하는지 도통 알 수가 없다. 마이클 아이언(Michael Eigan)은 정신적으로 기능하지 않고 좀비처럼 지내는 무기력한 상태를 '정신적 죽음(psychic deadness)'이라 했다. 자기다움이 없는, 내용은 없고 형식만 있는, 다른 사람이 시키는 대로만 하는 자발성을 뺏긴 아이들에게서 나오는 반응이 무기력이다.

부모들은 누구네 누구처럼, 비교하면서 끊임없이 무언가를 좀 더 하기를 누구보다 더 하기를 바란다. 이럴 때 아이들의 입에서 나오는 마음의 말은 딱 하나다.

"그렇게 하고 싶으면 엄마가 해. 아빠가 해."

아이들은 입 밖으로 말을 내놓지 않지만 무의식적으로 자기 세포 속으로 이 말을 숨기며 의욕을 잃어간다.

빈번하게 스스로 할 수 있는 기회를 놓치며 살아온 시간이 길수록 무기력한 상태는 일찍 찾아온다. 대표적인 것이 과잉보호이다. 어릴 때부터 실수를 통해 배울 기회를 주지 않으면서 아이가 성장한 후에는 부모가 원하는 것들을 충족시켜 주지 않는다고 실망하고 포기해버린다.

상담현장에서 만나는 많은 부모님들은 말한다.

"그래도 최소한은 해야 하는 거 아니에요? 기본은 해야 하는 거 아니에요?"

집에서나 학교에서 잠만 자거나, 게임만 하거나 자해를 하거나, 오토바이를 훔치거나, 학교폭력의 피해자나 가해자가 되어 있어도 부모들은 하나같이 최소한을, 기본을 이야기한다. 아이들은 그렇게 버티고 있는데 죽을 듯이 버티고 있는데 최소한과 기본을 이야기하며 아이들이 보내는 신호를 그대로 패스해버린다.

아이에게 어떠한 증상이 나타났다면 손뼉을 쳐 맞이해야 한다. 그 증상이 아이의 마음의 문을 열 수 있는 열쇠이기 때문이다. 부모-자녀 관계를 점검해보는 타이밍이라는 것이다.

너는 숨만 쉬고 있어도 예쁘다, 내 앞에서 왔다 갔다만 해도 눈부시다, 그렇게 아이를 바라보는데 어떻게 무기력할 수 있겠는가? 자신의 빛깔을 내기 위해 아이는 온전히 자신에게 집중하지 않겠는가?

해님
달님

세기가 바뀌는 1999년 12월, 우리 가족은 서울에 있었다. IMF로 일순간에 직장을 잃은 남편은 오랜 침묵을 깨고 처가가 있는 순천으로 내려가기로 결정했다. 나는 실로 많은 눈치를 보며 남편을 설득하는 작업을 암묵적으로 해야 했다.

새천년이 한 달도 채 남지 않은 서울의 거리엔 그 어느 해보다 요란스레 크리스마스 캐롤이 울려 퍼졌다. 도심 곳곳에 울긋불긋한 트리들이 20세기의 마지막 송년 분위기를 맘껏 뽐내고 있었다. 도로는 차들로 넘쳐났으며 퇴근을 한 사람들의 발걸음은 분주했으며 뭔가에 들떠 있었다. 남편과 나는 순천으로 이사를 앞두고 인사차 서울로 올라가 있었고, 큰오빠 집에 도착한 늦은 저녁, 엄마의 사망 소식을 전화로 들었다. 교통사고였다.

엄마는 빗길에 신호등을 건너던 중 신호를 미처 보지 못한 자동차에 치었으며, 병원으로 옮겨진 엄마는 채 세 시간도 못 버티고 세상을 떠나버렸다. 깔끔했다. 나는 평소의 '우리 엄마답'이라고 중얼거리며 서둘러 장례식장을 향해 다시 내려가야 했다.

엄마는 마흔둘에 나를 낳았다. 큰언니와 나는 열살 차이다. 엄마는 서른한 살에 아버지를 만나 아이를 두 살 세 살 터울로 다섯을 낳았다. 10년이란 시간 속에서 다섯 명의 아이를 낳은 엄마는 그러한 출산이 기적이었다고 말씀하시곤 했다.

엄마의 초혼은 17살이었다고 한다. 열일곱에 다정한 이웃 동네 총각을 만나 아들 셋을 연달아 낳았다고 한다. 사랑받는 아내로, 아들을 셋이나 낳은 며느리로, 엄마는 부족함이 없는 세월을 살았다 했다. 그러나 시대적 상황은 엄마의 평범한 삶을 용납하지 않았다. 남편을 보내야 했고 또 차례차례 아이들을 떠나보내야 했다.

'그 몹쓸 세월을 살았어야.'

엄마는 한 명의 자식만 살아 있어도 우리를 얻지 못했을 거라고 말씀하시곤 했다.

동네 사람들은 엄마를 '간전댁'이라 불렀다. 나는 엄마의 이름이 간전댁인 줄 알았다. 때때로 사람들이 '정하 엄마'라고 부르기도 했는데, 나는 '란희 엄마'라고 부르지 않는 것이 이상하게 서운했다.

내가 엄마를 기억하는 모습은 고전에 가까웠다. 엄마는 늘 쪽진 머리를 하고 있었고, 모시옷을 즐겨 입으셨다. 우리 엄마는 다른 친구들의 엄마와는 한참 다른 참으로 올드한 할머니 패션이었다. 엄마가 나를 낳았던 나이보다 지금 나는 엄마보다 훨씬 나이를 먹었다. 나보다 젊은 엄마를 다시 기억 속에서 불러내는 일은 쉽지 않다. 엄마를 떠올리는 일, 아니 떠올려진 엄마는 어쩌면 내 존재와 내 삶과 딱 붙어있어서 여전히 내 곁에서 살아가는 엄마인지도 모르겠다.

나는 엄마가 돌아가시던 날 이후 엄마를 불러 본 적이 없다. 꿈에서도 엄마는 단 한번 나타나지 않으셨다. 입 안에서 '엄마' 라고 부를 때 애틋함이나 그리움보다는 대단하다는 생각이 먼저 와 자리 잡는다. 납작한 쇠붙이에 입술을 대는 것 마냥 싸한 맛으로 전해진다.

동네에서 엄마의 부지런함을 따라올 사람은 없었다. 새벽에 눈을 뜬 엄마는 일어나자마자 기도를 시작하셨다. 뭐라는지 정확하게 들리지는 않았지만 대부분 우리들의 안전에 관한 기도였다. '해주시고, 해주시고'를 반복하는 기도는 나를 더 깊은 잠 속으로 빠져들게 했다. 기도를 마친 엄마는 나의 왼쪽 다리를 주무르셨다. 엄마에게 나의 왼쪽 다리는 당신에게는 씻을 수 없는 뼈아픔이었다. 나의 왼쪽 다리는 엄마에게 통한을 불러일으키는 지점이기도 했다.

"그때, 주사 한 대만 맞췄어도 니가 그리되지 않았을텐데. 너무 없이 사는 인간을 만나서, 내가 죄다, 미안하다 미안해."

엄마의 넋두리는 어린 나의 귀에 못이 박힐 정도였다. 오래도록 다리를 주무르고 나서 엄마는 수건을 머리에 쓰시고 아침밥을 짓기 위해 부엌으로 향했다. 그리고 아침밥 먹을 시간을 알리는 엄마의 맹렬한 잔소리가 시작된다.

"저 썩을 놈의 인간은 호랑이도 안 물어 갈 인종이여, 백운산 호랑이는 어디서 무얼 하는지, 쯧쯧!"

버럭 할 만한데도 불구하고 아버지는 엄마의 잔소리에 그리 토를 달지 않으셨다. 오히려 엄마의 잔소리에 기름을 부을 만한 농을 던지셨다.

"작년에 백운산 호랑들이 다 잡혀간 거 모르는구먼."

엄마는 아버지의 그 농에 뒤로 넘어가곤 했다.

엄마의 자식 사랑도 남달랐다. 맹목에 가까운 자식 사랑은 어린 내가 보기에도 부끄러울 만큼 간지러웠다. 엄마는 우리를 부를 때 그냥 이름을 부르지 않았다. 이를테면 큰오빠를 부를 때, "도롱도롱 오도롱 오도롱이 누군가? 바로바로 내 아들~"이라고 했는데 거기에는 묘한 리듬이 있었으며 가락을 타고 있었다.

남편과 결혼을 앞두고 집에 인사를 드리러 갔을 때의 일이다. 엄마는 인사가 끝나기 무섭게 남편을 붙들고 앉아서

"우리 란희를 업고 나가면 내 등에 붙어있을 수가 없었당케, 어찌나 란희가 예쁜지 서로 서로 안아 보려고, 난리가 났당께. 나는 누가 우리 란희를 델고 갈까봐 얼매나 불안했다고."

엄마는 당신의 딸이 얼마나 이쁘고 귀한지를 이야기 하시기에 바쁘셨다. 사위가 될 사람의 사는 형편이 어떠한지, 지금 하는 일

이 어떤지를 묻기보다는 '자네가 데리고 가는 내 딸이 얼마나 귀한 지 알아야 해' 라는 엄마의 자식사랑은 끝이 없었다. 그날 이후로 남편은 술에 기분 좋게 취하면 오랫동안 그날 엄마가 했던 말을 흉내 내며 나를 놀리곤 했다.

특히 엄마는 작은오빠와 나에 대한 사랑이 남달랐다. 작은오빠는 동네에서 싸우고 다니기 일쑤였다. 동네 아이들을 때리고 들어오거나, 친구들의 물건을 빼앗아 놀거나 할 때면 동네 사람들이 엄마를 찾아오는 일도 많았다. 그런 사고뭉치의 아들을 오히려 혼내지 않는 엄마가 나는 이상했다. 또 엄마는 돈이 생기면 먼저 나에게 한약부터 먹였다. 엄마가 달여주는 약을 마시지 않고 엄마 눈을 피해 또랑에 붓기 일쑤였지만 엄마는 그런 나를 혼을 내기보다는 다시 약을 달여서 내밀었다. 그 한약 덕에 내가 지금 튼튼한 체력으로 살아가는지도 모르겠다.

엄마는 배움에 대한 한이 깊었다. 너무도 글을 배우고 싶었으나, 외할아버지는 여자가 글을 배우면 시집 가서 집에 편지질을 한다고 극구 엄마에게 글을 가르치지 않으셨다고 한다. 엄마는 할아버지 몰래 예배당에 가서 글을 배우셨고, 귀동냥으로 들은 일본어를 제법 잘해서인지 일본 사람들 하숙까지 치며 살았다고 하셨다. 그런 바지런한 엄마가 여순반란사건으로 좌익에게 경찰이었던 남편을 잃었고, 우익에게는 친정오빠와 남동생을 잃었다. 엄마는 뜻하지 않게 온몸으로 비극적인 시대의 한 페이지를 쓴 것이었다. 외갓집은 외삼촌들의 죽음으로 인해 몰락하기 시작했다고 하셨다.

엄마의 강인함은 어디서 왔을까? 아니 엄마의 일방통행은 어디서부터 시작되었을까? 나는 나이가 들면서 엄마를 새롭게 바라보기 시작했다.

나는 엄마랑 정서적인 교감을 나누지 못했다. 엄마와 나 사이에는 마흔두 살 만큼의 세월이 있었으며, 엄마는 당신을 치장하는 것에는 일 푼어치 시간도 정성도 관심도 두지 않으셨기에 나는 엄마와 같은 여성으로 교감하기 위해 다가서지 못했다. 엄마는 돈을 버는 일에, 돈을 벌어서 우리를 입히고 가르치고 우리가 원하는 것을 해주는 것을 지상 최대 과제로 삼았다. 엄마의 고생은 눈물겹도록 치열했으나 그렇다고 당신의 고생을 우리에게 생색내지도 않으셨다. 오로지 아버지를 공격하는 것만이 어머니의 스트레스 해소 방법이었다. 엄마는 늘 아버지를 향해 화살을 쏘았지만 아버지는 그 화살을 피하지 않고 다 맞아주셨다. 엄마는 아버지와 35년을 같이 사시면서 아버지를 쥐 잡듯이 잡으며 큰소리를 쳤지만 실속은 없으셨다. 내 눈에 아버지는 편안하게 노는 사람이었고, 아버지 자신의 즐거움을 포기하지 않으며 산 분이셨다. 그리고 엄마는 죽어라 일만 하는 사람이었다. 그래도 신기한 것은 그런 아버지를 엄마는 기다렸고 따뜻한 밥을 아랫목에 묻어두었다는 것이다.

어머니가 돌아가시고 어머니의 물품을 정리하시던 아버지는 자주 화를 내셨다.

"아끼기만 하고 뭐하냐고."

어머니의 잔소리가 그리워서였을까, 일년 후에 아버지 역시 어머니 곁에 묻히셨다.

어머니는 17살에 결혼을 했지만 나는 17살에 어머니 곁을 떠나 도시로 고등학교를 갔다. 어머니는 경제적인 어려움을 어떻게 이겨냈을까? 우리가 다 클 때까지 집 한 채 가지지 못한 채 모든 것을 우리에게 주기만 하셨다.

죽는 순간까지도 자식들에게 폐를 끼치지 않아야 한다는 무의식이 작용한 것이었을까. 자신의 죽음마저도 깔끔하게 엄마답게 해결하신 것 같아 나는 장례식장에 쓰러져 하염없이 울었다. 엄마와 나누지 못한 수많은 말들을 영정을 앞에 두고서 한없이 쏟아냈다.

어릴 때 엄마는 오빠와 나를 사이에 두고 누워서 옛날이야기를 해주셨다. 특히 호랑이 이야기는 무섭기도 했지만 재미있었다. 어린 우리들은 엄마의 이야기를 들으며 '내가 해님 할래, 아니야 내가 달님 할래' 서로 시새움을 했다. 엄마를 삼킨 호랑이를 미워하며, 혹시나 우리 엄마도 호랑이에게 잡혀가 영영 우리 곁을 떠날까봐 두려워 엄마의 손을 놓지 않았다. '떡 하나 주면 안 잡아먹지'라고 엄마가 말을 할 때 나는 엄마가 던지는 떡이 아주 멀리 떨어져서 어서어서 우리에게 돌아오는 상상을 하기도 했다. 엄마의 옛날이야기는 내가 도회지로 떠나기 전까지 계속되었다.

나는 옛날이야기를 해 달라 조르는 아이들에게 해님 달님 이야기를 해주지 않았다. 해님과 달님은 여전히 내 안에서 살아있는 동화이고, 아직도 우리 엄마는 낮에는 해님으로, 밤에는 달님으로 나를 비추며 밤낮으로 나를 따라 움직이고 있다고 믿기 때문이다. 나는 우리 엄마가 호랑이를 피해 그곳에서 우리 다섯 남매와 함께하고 있다고. 해님과 달님으로, 밤낮으로 우리와 함께 있다고.

운주사의
결단

악센트 호텔 문을 나서자, 프라하는 안개에 잠겨 있었다. 축축한 비를 포함하고 있는 안개 속에서 노릿한 냄새가 전해졌다. 우리는 안델역으로 향했던 발길을 돌려 택시 승강장 쪽으로 방향을 잡았다. 택시를 타기로 결정한 것은 빗방울이 떨어졌기 때문이었다. 우리가 묵은 호텔은 안델역을 코앞에 두고 있어 지하철을 이용하는 것이 편리하고 익숙했다. 한번 익숙해진 행위는 새롭지 않지만 이런 난감한 상황에서는 익숙한 장소로 발길을 되돌리고 싶기도 하다. 선경과 은하는 앞서서 걷고 있다. 나보다 머리 하나는 큰 몸을 가진 사람들이 내 곁을 스치며 지나간다. 가끔 힐끔거리며 지나가는 사람들, 그들 중 몇몇과는 눈을 마주치기도 한다. 호기심이 가득하다.

어제 바타(vata)에서 새로 산 구두를 신은 게 화근이다. 내 발은 걸을수록 퉁퉁 부어올라 5센티 굽을 감당하지 못한다. 처음 가는 곳이므로 몸이 긴장하는 것은 당연한 일인데 바보같이 빈이라는 이 유로 우아한 그곳, 세련된 도시를 떠올리다 보니 몸의 조건을 무시하고 새 구두를 신은 것이다. 사람들의 눈길을 피해 나의 발끝을 본다. 아프다. 그리고 돌로 된 길이 미끄럽다. 넘어질 것 같아 두렵다.

10시 30분 빈행 기차는 한 시간도 채 남지 않았다. 비만 오지 않았어도 나의 무의식적인 매칭에 이렇게 짜증이 나지는 않았을텐데……. 생각이 여기까지 미치자 문득 치고 올라오는 생각 하나, 그래, 무모함은 우리 여행의 핵심인 것을. 그 무모함이 여기로 나를, 우리를 데리고 온 것을 잠시 잊은 것이다. 생각이 여기에 미치자 마음이 편안해졌다. 동시에 배낭 안에 비상시에 신기 위해 넣어둔 납작한 운동화도 생각났다. 갈아 신으면 되는 것을, 택시를 타면 바로 갈아 신으면 되는 것을.

이번 프라하는 우리에게 두 번째 도시이다.

작년 8월말에 우리는 파리에서 열흘을 살았다. 살았다 라고 말하기는 짧은 시간이었지만 한곳에 짐을 풀었고 아침저녁으로 파리 시내를 출근도장을 찍듯 돌아다녔다. 그리고 파리에서 다음 여행지로 프라하를 정했다.

praha, 얼마나 달콤한지, '프라하'라고 소리 내어 굴리기만 해도 형용할 수 없는 상큼함이 입 안 가득 퍼지게 한 도시. 다음 여행지로 프라하를 말했을 때 선경이도 은하도 좋다고 했다. 그녀들은

그랬다. 내가 무엇을 제안하면 '안 돼'라는 말을 하기보다는 '그래, 좋다'라고 선뜻 받아주는 그녀들이었다. 내 인생의 첫 번째 등불, 의미있는 타인들이었다.

파리행 여행을 앞두고, 우리는 아이들을 데리고 운주사로 여름휴가를 같이 갔다. 우리는 해마다 여름휴가를 같이 보냈다. 물론 세 가족 모두가 참여하는 것은 어려웠지만 시간이 맞으면 기분 좋게 같이 했다. 파리 여행이 기다리고 있었기에 운주사행은 우리 모두를 들뜨게 했다. 엄마들의 들뜸을 모르는 아이들은 서로들 신나게 놀았다. 엄마를 찾지 않을 만큼, 자기들끼리 놀 수 있는 나이 만큼, 자신이 원하는 것을 합리적으로 표현할 수 있을 만큼 아이들은 성장해 있었다. 우리에게는 그 동안 미루고 눌러왔던 욕구를 실현할 공간이 생겨난 것이다.

그 공간을 그냥 둘 수는 없었다. 우리는 이야기를 시작했다. 우리의 이야기는 나이스럽지 않았다. 사십대 후반임에도 우리는 일상의 이야기를 나누지 않았다. 돈은 얼마를 벌었고, 남편이 이러고 저러하다 라는 말들을 꺼내지 않았다. 자신이 가지고 있는 외현의 것들을 화제로 올리지 않았다. 우리 중 흔한 명품 가방을 화제로 올리는 사람이 없었다. 간혹 아이들 문제가 등장하긴 했지만 우리 이야기 방식은 오로지 우리들이었다. 각자의 나르시스트인 우리는 논리정연하지도 치밀하지도 않았다. 오히려 셋이 모이면 누가 더 무모한지, 누가 더 참신한지를 겨누는 엉뚱함에 가까웠다.

자연스럽게 이야기를 나누다 보면 '그래 해보자' 재미있겠다'로 흐르듯이 살아왔다. 가능한지 불가능한지를 따지기보다는 서로의 욕구를 노래하면 그 노래에 기꺼이 코러스를 넣어주며 같이 불러주었던 친구들이었다. 나보다 나를, 나의 취향을 잘 아는 친구들은 나를 안심시키며 마음껏 '나'를 드러나게 해주었다.

돈은 없고, 일을 해야만 먹고사는 영세한 자영업자인 내가 열흘이라는 시간을 어떻게 뺄지가 관건이었다. 더군다나 나는 생계주체자였다. 그래도 나는 자영업자인지라 경제적인 부분을 접으면 시간은 자유롭게 낼 수 있었다. 나에 반해 선경과 은하는 달랐다. 선경은 일년의 연차를 다 모아야 했으며 은하 또한 직장인이고 그것도 시어머님과 같이 살고 있는 상황에서 열흘을 빼는 일은 만만치 않은 폭풍우를 감당해야 하는 일이었다.

그럼에도 불구하고 우리는 가기로 했다. 그곳으로, 파리로, 우리의 열여덟 살을 되살아나게 하는 도시, 마음속에서 수도 없이 갈바도스를 마시며 같이 걷고 머물고 싶었던 도시로.

우리는 파리에서 그치지 않기로 했다. 해마다 열흘씩 한 도시에서 현지인처럼 살기로 했다. 각자 살아보고 싶었던 도시를 정해서 셋이서 살기로 했다, 관광객임을 티내지 않으며 슬리퍼에 추리닝 차림이나, 출근하는 직장인처럼, 수영장이나 마트에 가는 듯 어슬렁거리며 파리든 프라하든 그리고 세비야든 그렇게 살아보는 것, 상상하는 것만으로도 숨이 막혀왔다. 우리는 미친 듯이 환호했다. 그날을 우리는 이렇게 명명했다.

- 운주사의 결단

우리의 첫 여행지가 파리였기에 운주사의 결단이 가능하지 않았을까? 모르겠다. 그건 중요하지 않았다.

일년에 한 도시에서 십 년 동안 열 개의 도시에서 살아보기로 말이다. 밤새 뒤척이며 잠을 설쳤던 운주사의 그 뜨거웠던 밤.

나는 내 안의 욕망을 가늠하지 못했다. 욕망의 내용을 들여다보지 못하게 하는 것들이 많았다. 해야 하는 것들과 하고 싶은 것 사이에서 나는 해야 하는 것을 선택하는 착한 아이여야 한다고 생각했다. 지극히 소박하고 착한 아이로 자신을 인식하며 살았다.

몸을 돌돌 말아서 아무도 나를 알아보지 못하는 곳에 숨겨두고 싶었던 날들이 많았고 길었다. 창고 안에 골목 모퉁이에 혹은 벽장 안 같은 숨어있기 좋은 곳은 늘 동경의 장소였다. 떠나고 싶은 곳이었다. praha는 숨어있기 좋은 장소인가 나는 물었다.

"무얼 숨기고 싶은 거니?"

『생의 한가운데』 마르그리트가 니나에게 묻듯이 나는 '나'에게 물었다.

사람들이 도망가고 싶을 때는 언제일까? 아무도 자신을 알아보지 못하는 곳을 찾고 찾아서 그곳으로 가는 것은 자신의 어느 한 부분을 감당하지 못할 때가 아닐까? 자신이 싫어서 자신이 밉기는 하지만 스스로를 해칠 수는 없으니 잠시 유보의 시간을 갖고 싶을 때 사람들은 낯섬 속으로 자신을 데리고 가 사물화 시키는 것은 아닐까? 나는 그랬다. 내게 여행은 그랬다.

우리는 지금 프라하 중앙역으로 가는 택시 안에 있다. 창밖으로

비가 내리고 있고, 출근길의 프라하 시내는 빵빵거리는 자동차 크랙션 소리로 가득하다, 출근시간을 빗겨선 시간이었기에 정체는 없을 거라 생각했는데 아니었다. 택시를 타자고 제안한 것을 후회하며 나는 구두를 벗고 운동화로 갈아 신는다.

우리를 태운 택시기사는 여성이다. 그녀는 연신 담배를 피우며 운전을 한다. 그녀의 터프한 운전 스타일에서 생긴 여유 때문인지 선경이가 영어로 말한다. 10시 30분 기차를 탈 것이라고, 빨리 가주시면 좋겠다고. 은하와 나는 동시에 "plese~" 외친다. 그녀가 고개를 끄덕이며 웃는다. 우리도 웃는다. 밖에 비는 그쳐 있었고, 프라하 중앙역을 알리는 안내표지가 좌회전을 가리키고 있다. 선경이는 앞으로 멘 가방에서 택시비를 꺼낸다. 도착이다.

선물

아버지의 표현대로라면 나는 솔찬히 간프게 노는 아이였다.

해가 저물도록 신작로에서 놀기에 바쁜 나는 집안일에서 제외된 아이었다. 우리 집은 농사를 짓지 않았기에 부모님 일을 거들 일이 없었다. 해가 뜨면 밖에 나가 온몸에 땀이 흥건하도록 그리고 그 땀이 다시 말라 까슬까슬 해지도록 반복하여 옷에서 짠내가 나도록 놀았다. 이 집 저 집을 드나들며, 서시천을 하루에도 몇 번씩 들락거리며 놀았다. 여름강은 우리들의 좋은 놀이터였으며, 꽁꽁 얼어붙은 겨울강에서 얼음 위를 타며 노는 일 또한 여름강 못지않은 즐거움을 우리에게 주었다.

가을이 겨울로 넘어서는 즈음, 해질녘 밥 짓는 냄새가 솔솔 나기 시작하자 한 무더기로 놀던 친구들이 거의 빠지고 두서너 명이 남아 놀고 있었다. 식구들 중 누군가가 찾으러 오기를 기다리며 비석치기를 하고 있었다. 멀리서 아버지가 보였다. 성큼성큼 다가온 아버지는 일시에 나의 뺨을 올려붙였다. 빛이 째지듯, 거울이 깨지는 듯한 충격으로 휘청거렸다. 아버지의 손찌검은 처음 있었던 일이라 나의 놀라움은 컸다. 그러나 놀라움이 중요한 게 아니었다. 아버지의 손찌검이 중요한 게 아니었다. 아이들이 보고 있는 자리에서 아버지가 내 뺨을 올려붙인 것이다. 아버지의 울그락불그락한 얼굴과 격앙된 목소리가 나의 귀 뒤로 흘러 지나가고, 그 순간에 대한 더 이상의 기억이 없다.

그후로는 '바깥 놀이'가 재미없어졌다. 집안에서 자분자분 노는 사춘기가 일찍 시작된 것이다. 그 일로 인해 아버지는 그냥 어른사람이었다. 엄마라는 한 여자의 삶에 끼어든 몰염치한 사람이요, 다섯 아이들에 대한 책임감 없이 자신의 욕구가 우선인 지극히 이기적인 사람이었다. 내 뺨을 때려서가 아니라 이것은 순전히 아버지가 나쁜 사람이므로 아버지를 미워해야겠다고 나는 그때부터 결심을 하게 되었다.

중2 때 봄으로 기억한다 아침 등굣길에는 오지 않았던 비가 하굣길에 맞추어 내리면, 나에게 우산을 가져다 줄 사람이 없었다. 소심한 나는 절로 기가 죽었다. 그까짓 자존심이 뭔지 친구들에게 같이 우산을 쓰고 가자는 말을 할 수가 없었다. 그렇다고 비 오는 거리를 당당히 걸어갈 수도 없었다. 난감한 그 순간들로 인해 심장이 쿵쾅거리고 오줌이 마려오면서 등에서는 식은땀이 흐르곤 했

다. 긴장감 속에서 종례시간을 기다리기 일쑤였다. 그날은 가랑비가 내렸다. 그래도 비를 맞고 갈만 하다 싶어 다행이라 생각하며 조마조마한 마음으로 종례를 기다리고 있었다. 교실 앞문이 열렸다. 교실 문을 열고 들어오신 분은 담임선생님이 아니었다. 아버지였다. 아버지가 내게 우산을 가져다주러 오신 거다. 아버지가 들고 있던 우산은 내 관심 밖이었다. 나는 앞문으로 등장한 아버지가 너무도 창피해서 어디 쥐구멍이라도 숨고 싶었다. 아버지의 얼굴을 알아본 같은 동네 친구들이 내게로 얼굴을 돌렸다. 아버지와 눈이 마주치자마자 내 눈은 곧바로 책상 아래를 향했다. 고개를 들 수가 없었다. 아버지는 나를 부르시며 내 자리로 걸어오셨다. 이미 나는 없었다. '그냥 사라져 그냥 사라져.' 숨을 딱 멈추고 싶은 순간이었다.

  돌이켜보면 언제나 비가 오는 날 내 손에 우산이 없을 때면 아버지가 반갑게 내게 우산을 내미실 것 같아 슬그머니 고개를 숙이며 부끄러움을 감추는 나를 만나게 된다.

  집으로부터 합법적인 가출을 고민할 만큼 조숙했던 나는 고등학교를 외지로 가는 것이 최선의 방법이란 것을 알게 되었다. 공부를 하지 않으면 이곳에서 탈출할 수 없다는 것을 깨닫고는 나는 천지사방으로 돌아다니는 마음을 붙들어 매고 공부를 했다. 하다 보니 공부도 재미있었다. 무엇이든 정성이 들어간 것들에게는 애정이 피어나기 마련이니까.

  비선발고사로 나는 구례를 벗어나 소위 명문고를 들어갔다. 버스도 많지 않았고 기차를 타려면 구례구역까지 한 시간을 걸어 나가야 기차를 구경할 수 있었던 곳, 앞을 봐도 산이요 뒤를 봐도 산으로 꽁꽁 둘러싸인 구례에 살았던 나에게 도시는 참으로 이상한 공간이었다. 갓 구운 쿠키 내음 같기도 했으며, 소설을 읽으며 상상했던 내음과 풍경이 도시에는 있었다. 내가 꿈꾸었던 곳이었다. 공기가 달랐으며 볼거리가 많아서 좋았다. 일학년 담임선생님은 갓 부임을 한 화학 선생님이었다. 전남대 화학교육과를 나온 선생님은 학교에서 유일한 총각 선생님이셨다. 작은 키에 다부진 표정, 강인하면서도 부드러운 목소리를 갖고 계셨다.

목련꽃이 지기 시작할 때였다. 담임이 내 이름을 불렀다.

"오 정 란, 정란이가 누구지?"

아이들의 눈초리가 일순 내게 꽂혔다. 담임선생님 뒤를 따라 나간 복도에서 선생님은 내게 편지 한 통을 주었다. 아버지의 편지였다. 편지봉투에 받침이 군데군데 틀린 아버지의 편지는 우산만큼이나 나를 당황스럽게 했다.

"공부 열심히 해야겠네."

선생님은 나즈막한 목소리로 내 어깨에 손을 올리시며 말씀하셨다. 아버지의 편지 내용은 지금은 선명하다. 대학노트에 삐뚤삐뚤하게 쓴 몇 글자.

"정란이 보거라. 공부 하니라 고생 많구나. 객지에서 생활하는 것이 많이 힘들 것이다. 그렇지만 원하는 학교에 입학했으니까 열심히 공부 하거라."

잠깐의 먹먹함이 있었지만, 아버지의 편지는 내 다이어리 속에서 오랫동안 숨죽이며 화해를 기다려야 했다.

나는 버스로 이십 분 정도 되는 거리에서 자취를 했다. 학교는 도시의 한 중심에 있었다. 자취방은 승주군에서 순천시로 들어오는 입구에 있었다. 우리에게는 월세방으로 내놓았지만 전에는 여관을 했던 집이었다. 내 방문 앞에는 연탄 화덕이 있었고 이층이었다. 열 시까지 야간자율학습을 마치고 돌아오면 동네의 버스 정류장은 캄캄했다. 버스 정류장 대각선에 위치한 매곡동 성당 불빛이 없는 날에는 더욱 어두웠다. 나는 캄캄함이 싫었다. 앞이 잘 식별되지 않는 가로등 불빛에 의지해야만 했다. 큰길가에 있던 자취방에 한 달에 두어 차례 다녀간 사람은 엄마였다. 여수에서 장사를 마치고 구례로 넘어가는 길에 내가 좋아하는 시루떡이나 바람떡을 사다두고 가시곤 했다. 엄마는 용돈을 빈 냄비 안에 두고 가기도 하셨다.

시내버스 안에서 내 방이 보였다. 줄줄이 도로변 쪽으로 다섯 개의 방들이 있어서 나는 정류장에 내리기 직전 창가에 몇 개의 불빛이 켜져 있는지를 바라보곤 했다. 그날은 내 방에도 흐릿하게 불빛이 새어나오고 있었다. 엄마일까 싶었다. 기쁜 마음에 서둘러 시내버스에서 내렸다. 버스에서 내린 나를 맞이한 사람은 아버지였다. 아버지가 버스 정류장에서 나를 기다리고 있었다. 어떤 표정과 어떤 말을 해야 할지 망설이는 순간에 아버지는 내 손에 든 가방을 덥석 받아들었다. 나는 하마터면 울 뻔했다. 모르겠다. 그때를 생각하면 지금도 이름 부를 수 없는 무엇이 가슴 안에서 흐르는 것 같다. 어둠 속을 앞서 걸어가는 아버지 잠바자락이 바람에 날리는 것을 바라보며 나는 결심했다. 이제 아버지의 인생은 아버지 것이라고, 아버지를 내 아버지로만 보지 말고 한 사람으로 보자고, 그만 아버지를 미움의 강에서 떠나보내자고. 내 속은 그리 더듬거리듯 울먹거리며 아버지에 대한 그리움을, 아버지에 대한 미움의 밑바닥엔 아버지의 사랑을 간절하게 바라는 욕구가 자리하고 있었음을 알게 되었다. 바닥 장판 밑에 숨겨둔 비상금처럼 말이다. 아무도 모르게 내 안에서 이루어진 아버지와의 화해를 나는 오래도록 기억하고 있다.

관계
노동

    친밀한 관계에서 거절은 어렵다. 사랑하는 사이라고 믿고 있을수록 서로의 경계를 분명히 하는 것은 더더욱 어렵다. 주변 사람들이 아무리 내가 맺고 있는 관계의 형태에 대해 '이상해'라고 말을 해도 '내' 귀에는 '내' 눈에는 안 들리고 안 보인다.
    우리는 의존할 대상을 본능적으로 찾는다. 누군가와 친밀하게 혹은 강하게 연결되어 있다고 여겨지면 불안감은 덜하다. 그래서일까? 우리는 사랑할 대상이나 집착할 대상이나 시간을 함께 소비할 대상을 필사적으로 찾는다.
    나는 세상에서 사용되는 수많은 기술 중, 대인관계기술과 양육기술의 중요성을 강조하는 사람이다. 이 두 기술은 아무리 강조해도 지나치지 않는다. 왜냐하면, 우리가 살아가는 일상은 결국 어딘가에 소속되어 있고, 이 소속 집단을 떠나서는 살아갈 수 없기 때문이다. 혼자서 아무리 잘해도 그것이 소통으로 연결되지 않으면 또 다른 갈등을 부르며, 고통의 지점을 낳기 때문이다.

또한, 부모라면 양육기술 습득이 무엇보다도 중요하다. 가족관계는 대인관계의 최전선이라고 할 수 있다. 가장 가깝게 자신을 보여줄 수밖에 없는 관계이며, 상대의 가장 내밀한 곳도 볼 수밖에 없는 관계이다. 일로 만나는 관계라면 무슨 걱정이겠는가? 받은 만큼, 정해진 기준만큼 하면 되는 관계이니 힘들면 안 보면 된다. 하지만 가족관계는 그럴 수 없기에 감정의 기준을 정하기가 어렵다.

친밀한 관계를 자세히 들여다보면 지나치게 헌신하는 사람으로 인해 그 관계가 유지되는 경우가 종종 있다. 그러한 헌신을 받는 사람은 조건 없는 사랑을 받고 있다는 착각을 가질 수도 있다. 그러나 잘 들여다보면 '자기' 없이는 아무것도 할 수 없게 하여 상대를 통제하려는 무의식적인 의도가 숨어 있는 경우가 많다. 상대가 정서적으로 사회적으로 자신을 돌보고 성장할 기회를 아예 박탈해 결국 무능한 사람으로 만들어 버린다. 그러므로 지나친 헌신은 상대방을 지배하고자 하는 욕망의 숨은 얼굴이라 할 수 있다.

관계는 언제나 힘의 연장선에 있다. 한 사람이 고정된 역할만 한다면 고정관념을 낳고 제한된 행위를 낳는다. 가장 대표적인 것이 성 역할 고정관념이다. 서로 고정관념에 묶일 때 소통은 단절되기 쉽다. 지금 당신이 누군가의 헌신을 받고 있다면 상대의 노동을 인정해야 한다. 노동에는 반드시 대가가 주어져야 한다. 그것은 사실

물질적인 보상만은 아니다. 관계 노동에 대한 대가가 적절하게 지급되지 않을 때는 결국 그 관계는 깨지고 만다.

친밀한 관계에서 경계를 갖는다는 것은 진정한 자기로 살아가고 있는가에 대한 자기 질문이다. 스스로 자신의 욕구를 책임지고 있는가? 그 욕구의 해소가 상대를 통해 충족될 수 있는 것이라면 상대에게 그 욕구를 표현할 수 있는가? 더 중요한 것은 상대방에게 거절할 권리를 줄 수 있는가?

자신의 욕구를 읽는다고 하더라도 상대에게 그것을 표현하기는 어렵다. 상대가 거절할까 봐 그 거절의 상처를 미리 생각하기 때문에 욕구를 제압하거나 다른 방식으로 표현한다. 즉, 공격적인 말투, 비난, 꾸중, 비웃음, 상대방의 인격을 '깔아뭉개는' 말, 욕지거리와 협박으로 자신의 욕구를 돌려서 사용한다.

친밀한 관계일수록 여백이 필요하다. 자기 자신으로 온전히 서 있을 시간이 필요하다. 자기로 서 있지 못한다면 결국 그 책임을 상대에게 던지게 되며, 어느 한쪽의 일방적인 과잉노동을 부를 수밖에 없다. 관계 노동에도 휴식 시간이 필요하다.

란이야

　　　　　가느다란 좁은 어깨, 작은 두 손이 햇빛을 등에 두고 가만가만 움직인다. 담벼락에 바짝 붙어서 소꿉놀이 중이다. 골목의 끝집이었던 우리집 담벼락에는 채송화가 줄지어 꽃을 피워 내고 있었다. 분홍, 주홍, 노랑 색깔의 채송화 꽃은 소꿉놀이를 하기에는 참 좋은 재료였다. 우리 옆집은 내 친구 영남이가 살고 있었다. 영남이의 집은 양철 대문집이었고, 영남이에게는 두 살 아래의 여자 동생이 있었다. 동생 이름은 이남이었다. 이남이는 하도 울어서 할머니의 독한 욕찌기를 들어야 했으며 덩달아 골목 안에 살았던 우리들도 영남 할머니의 욕을 같이 들어야 했다. 할머니의 욕이 시작되면 이남이도 골목집들의 담을 넘도록 목청껏 울어댔다. 이남이의 목청은 하도 커서 '나 여기 울고 있어요' 알리는 것 같았다. 마치 이 정도 울어야 서울에 사는 부모님이 들을 수 있을 거야, 작정하고 우는 것처럼 이남이의 울음은 크고도 우렁찼다. 영남이의 부모님은 청계천에서 공장을 하신다고 했다. 우리 골목사람들은 그 말을 믿지 않았다. 왜냐하면 영남이 엄마 아빠는 설날 같은 중요한 날에도 골목에 나타나지 않았기 때문이다. 우리 골목에는 많은 집들이 있었다. 구례장에서 생선을 파는 경희네, 하모니카를 구슬프게 불었던 성택이 오빠네, 골목에서 가장 넓은 마당을 가진 효진이네, 나무 대문이 성문 같은 느낌을 주는 효진이 집은 늘 닫혀 있었다.

　영남이와 나는 매일 같이 놀았다. 특히 영남이네 시멘트 마루는 맨질맨질하여 골목 안에 살았던 아이들의 미끄럼틀이었다. 미끄럼을 타듯 서로를 밀어주며 놀았다. 할아버지가 주무시는 방은 대문을 바라보는 방향에 있었다. 할아버지 방안은 어둡고 습해서 굴 속 같았다. 어둠이 가득 차서 웅덩이 같은 방은 무섭고 추웠다. 나처럼 무서워서인지 영남이도 할아버지 방문은 열지 않았다.

　한여름 채송화는 한상을 차리기에는 제격이었다. 우리는 해가 뜨면 따뜻한 햇살이 드는 담벼락에 등을 두고서 반질반질한 하얀 꼬막 껍질을 밥그릇으로 쓰며 소꿉놀이를 했다. 채송화 꽃을 찧어서 반찬을 만들어 상을 차린다. "아버님, 진지 드세요", "여보~식사하세요." 나와 영남이는 해가 지도록 살림을 살았다. 굳어져 잘 긁어지지 않는 흙을 사금파리로 빡빡 긁어서 침을 탁 뱉고는 채송화 대를 뜯어서 생선을 바르듯 밥공기에 올리고 나는 맛난 밥상을 차리고 맛나게 밥을 먹으며 지치도록 놀다보면 멀리서 발자국 소리가 들려왔다. 그건 가르쳐 주지 않아도 알 수 있는 우리 아버지의 발자국 소리였다. 그 소리가 들리면 골목 안에는 일시에 무언가가 달라졌다. 아버지가 골목에 들어서면, 묵직한 쇠붙이가 규칙적으로 부딪치는 소리가 멀리서 들려오면, 마치 징을 치듯 그 징소리가 주는 여운을 느끼기라도 하듯 바람이 달라졌다. 나는 손동작과 숨을 동시에 멈추며 눈을 감는다.
"란이야~~에이구 이 놈아~~!"
아버지다. 아버지가 오셨다.
아버지의 낯선 말투는 나를 주뼛거리게 했다. 나를 부르며 골목 안으로 들어선 아버지를 느낄 때 나에게 먼저 다가오는 감정은 부끄러움이었다. 아버지는 성큼성큼 내게 걸어와 당신의 어깨에 멘 가방을 내려놓으며 번쩍 나를 안아 올린다. 나를 꼬옥 안아주는 아버지에게서 나는 먼 곳에서 묻어 온 냄새, 아버지의 턱에서 전해지는 까칠까칠함을 느끼며 아버지를 바라볼 때 그 눈빛은 한없이 상냥하고도 선선했다.
아버지의 직업은 석공이었다. 동네 사람들은 아버지를 '오센' 이라고 불렀다. 아버지는 돌 공사를 하러 다니셨다. 아버지의 가방에는 갱지에 쌓인 크기가 다른 망치들이 여러 개 있었다. 아버지는 우리 동네 사람들에겐 없는 세련됨이 있었다. 모자를 자주 쓰셨고, 특히 먼 길에서 돌아오실 때에는 새 모자를 쓰고 나타나곤 하셨다. 어머니가 그놈의 모자를 싸질러 태우면 볼만할 거라는 잔소리를 자주 하셨을 만큼 아버지에게는 여러 개의 모자가 있었다. '이수일과 심순애' 라는 무성영화 속에서 나오는 일본 순사가 썼던 베레모

를 자주 쓰시곤 했다. 그리고 무릎 위는 펑퍼짐하고 무릎 아래는 살에 붙어 있을까 싶게 쪼이는 바지를 즐겨 입으셨다. 흐릿한 노란 빛깔이 섞여있는 하얀색 와이셔츠의 주머니에는 담배가 꽂혀 있었다. 아버지에게선 구수하면서도 말랑한 내음이 났다. 구수한 난내음, 흙내음이 아닌 비릿한 내음이 아닌 구수하고도 따뜻한 향기 같은 것이 전해졌다. 친구들의 아버지에게서 나지 않는 냄새였으며, 금택이 오빠에게서 나지 않는 냄새였다.

  아버지가 유독 나를 사랑하신 이유는 무엇이었을까? 엄마의 일장 연설, 자동반복으로 끊임없이 재생한 아버지에 대한 비난의 대목에 등장하는 "네 아버지가 아니였더라면, 니 다리가 멀쩡했을 건데"라는 말처럼 그랬을까, 당신이 안고 가야할 것에 대한 책임감 때문이었을까? 마흔일곱에 본 막내딸이 귀하고 소중해서일까?

아버지는 먼 곳을 바라본 듯했고 아버지에게서 전해지는 바람은 이곳에서 부는 바람이 아니었다.

이방인 같은 아버지. 아버지가 입고 오신 옷들을 벗어놓고 런닝구 바람으로 집안일을 하실 때 '아하 울 아버지구나, 울 아버지도 친구들의 아버지와 같구나' 하고 익숙해지려고 할 때 툭 튀어나오는 아버지 말투, 도시의 말투가 내 귀에 들려오면 내 마음에 자리한 것은 수줍음이었다.

이 수줍음과 설렘 때문일까. 나는 큰길보다는 골목길을 찾아 걷는 버릇이 있다. 꼬불꼬불 이어지는 골목길을 따라 걸어 올라가면 어디선가,

"란이야~"

아버지의 목소리가 들리는 것 같다. 묵직한 쇠붙이 소리, 성큼성큼 큰 걸음으로 나에게 들어오는 아버지의 목소리. 그리운 봄이다.

말을 걸어봅시다

어릴 때 나는 동네 친구들과 삼삼오오 고무줄 뛰기 놀이를 하며 놀았다. 고무줄 놀이에 빠져 노는데 갑자기 나타나 줄을 끊고 달아나던 친구들도 있었다. 이제 마음 다잡고 공부 좀 하려고 책상에 막 앉으려 하는데, 기척도 없이 갑자기 방문을 벌컥 열고 잔소리를 하는 부모님도 있었다. 고무줄을 끊고 도망가는 깃도, 방문을 벌컥 열며 말하는 것도 말 걸기의 하나이다.

평소에 과묵했던 사람들이 술만 마시면 말이 많아지는 경우가 있다. 술의 힘을 빌어서 쌓아둔 자신의 생각이나 감정을 날 잡아놓은 듯 쏟아낸다. 그 자리에 있는 사람들은 무슨 죄인가 싶지만 말이다. 산만하고 좀 과격하다 싶은 행동, 파격적인 옷차림도 말 걸기의 방식이다. 자해도 극단적인 말 걸기의 하나이다.

우리는 관계 안에서 태어나고 관계 안에서 살아간다. 세상에 나만 있다면 문제될 게 없다. 사랑해서 가족을 구성하지만 같이 지내는 그 순간부터 부딪치기 시작한다. 내가 머문 공간을 벗어나는 순간부터 싫든 좋든 접촉이 시작된다. 사소한 일상으로든 일로든 우정이나 사랑이라는 이름으로든 말이다.

일로 인한 스트레스를 호소하는 사람들보다 관계에서 오는 불편함을 호소하는 사람들이 많다. 자신이 생각한 감정과 다른 반응에서 오는 당혹감이나 불쾌감 때문이기도 하지만 자세히 들여다보면 당연하다고 생각한 곳에서부터 시작된다. 나로서는 당연하다고 생각하는 그 지점에서부터 불통은 시작된다.

아무리 힘든 직장도 자신과 소통이 잘되는 동료가 있다면 출근하는 발걸음이 그리 힘들지 않을 것이다. 가기 싫은 학교라도 친구가 있다면 그리 싫기만 한 장소는 아닐 것이다. 문제는 소통이 되는 사람이 없을 때, 그 소통의 질이 부딪치면 그냥 부서질 것 같은 유리 같은 친근감일 때에는 살맛이 나지 않는다는 것이다.

살아가는데 필요한 것들은 많다. 생의 필수품 중 하나를 선택해야 한다면 나는 유능한 의사소통능력을 택하고 싶다. 이 유능함의 기준점은 '나도 좋고 너도 좋고'이다. 얼마만큼 원활하게 주고받기가 이루어지는가에 있다.

일방적인 소통은 상대방을 미치게 한다. 무조건 사랑은 사실 근사한 말 같지만 무조건은 일방적임에 가까운 말이기도 하다. '엄마가 너를 사랑해서 그래, 아빠가 널 생각해서 그래.'라는 말을 자주 듣기도 했으며 하기도 했다. 사실 틀린 말은 아니다.

  나의 어머니 역시 자신의 말만 하신 분이셨다. 지극히 당신의 감정에만 충실하셨다. 억지다 싶을 만큼 맹목적인 어머니의 사랑은 어느 순간부터는 힘들었다. 불합리하다 싶었다.

  아무리 이야기해도 부메랑이 되어 되돌아올 때 느끼는 절망감이란 이루 말할 수 없다.

  아이는 지금 라면이 너무도 먹고 싶은데 몸에 좋은 친환경적인 밥상을 차려놓고 자꾸만 먹으라고 재촉하는 것과 같다. 부모로서는 당연하다고 생각하는 것, 그로 인해 앞에 있는 누군가는 불편할 수 있으며 말문을 막아버릴 수도 있다.

  당연한 것은 세상에 없다. 상대는 내 자신일 수 없다. 아무리 사랑해도 나는 상대가 될 수 없으며 상대 역시 '나'가 될 수는 없다. 다만 내가 하는 표현과 네가 하는 표현을 통해 서로의 교집합을 만들어가는 것이다. 서로의 다른 방식들을 나누어 섞으며 공통의 영역을 넓혀가는 것이다. 누군가에게 관심이 생겼다면 당신은 어떤 방식으로 말을 걸고 있는가를 살펴볼 일이다.

내 인생의
책

삼 년 전부터, 나는 도서관에서 몇 권의 책을 소개하고 그 책을 읽은 사람들과 이야기 나누는 일을 하고 있다. '북멘토'라는 이름의 그 일은 나에게 책을 읽는 재미를 준다. 한 권의 책을 다양한 방식으로 이해한 사람들과 함께 소감을 나누는 일은 매우 유익하다.

사람들과 책에 대해 이야기를 나누다 보면 그 누군가가 내게 물어오기도 한다.

"당신의 인생에서 한 권의 책이 있었나요?"

"혹시 당신의 인생을 바꾼 책이 있다면 그 책은 어떤 책인가요?"

독서는 순간순간마다 나를 흔들어 놓는 일이기에 인생의 책을 만나는 것은 하나의 사건임에 분명하다. 인생의 방향을 바꾸게 한

책이라, 생각만으로도 멋진 일이다.
　나에게 독서의 재미를 선물한 사람이 있다. 작은언니였다. 언니는 나보다 6살이 많았다. 내가 초등학생이었고, 언니는 고등학생이었다. 생업에 바쁜 부모님을 대신해 집안일은 작은언니의 몫이었다. 어린 동생들을 챙기는 일도 언니의 일이어서 나는 엄마보다 언니와 정서적으로 가까웠다. 언니는 저녁밥을 짓기 위해 아궁이에 불을 땔 때마다 나를 아궁이 앞에 앉게 했다. 타닥타닥 타는 불의 온도를 조절하며 언니는 내게 언니가 읽은 소설을 이야기해 주었다. 주인공들의 기구한 인생사나 엇갈리는 사랑 이야기를 들으며 얼마나 마음을 졸였던지.
　잠들기 전까지 언니는 자신이 읽은 책들을 옛날이야기 하듯 들려주었다. 나는 언니의 들뜬 감정의 파도를 같이 경험하며 책 속 주인공의 마음속을 같이 걸었다.
　고등학교를 졸업한 언니가 서울로 떠나고 언니에 대한 그리움이 밀려올 때 나는 활자를 통해 『제인에어』를 읽었다. 책으로 읽은 『제인에어』는 내가 귀로 들었던 것과는 다른 느낌이었다. 간접체험이 직접체험으로 바뀌는 순간이었다. 이 느낌은 언니가 이야기로 들려준 소설들을 찾아 읽게 했다. 『안나카레리나』, 『폭풍의 언덕』, 『장발장』, 『죄와 벌』, 『목걸이』 등의 책은 나의 감성을 점령하기에 충분했다. 책은 언니만큼 따뜻했으며 그리움의 시간을 견디게 했다.
　책은 나를 새로운 세상으로 안내했다. 소설을 읽으며 나는 가보지 못한 곳을, 만나지 못한 사람들을 찾아가 그들과 친구가 되었다. 가장 친한 친구는 데미안이었고 『나의 라임오렌지 나무』의 제제였다. 좋아하는 사람들이 하나 둘씩 늘어나기 시작했다. 책을 읽을수록 하고 싶은 일이 많아졌다.

책을 좋아하다 보니 도서관과 서점은 내게 특별한 장소가 되었다. 나는 주머니에 돈이 생기면 먼저 책을 샀다. 책방에 가서 책을 구경하고 수많은 책 중 읽고 싶은 책을 만나고 그 책을 사들고 돌아오는 그 시간이 행복했다. 사온 책을 읽는 그 밤은 깊고도 아름다웠다.

책은 내가 그어놓은 선들을 지우는 일을 도와주었다. 내가 중요하다고 생각하는 가치를 더 굳건하게 지탱해주기도 했다. 또 나와 비슷한 생각을 하는 사람이 세계 곳곳에 그것도 몇백 년 전에도 살았다는 것은 내게 큰 위안이 되었으며, 시간과 공간을 넘어서 서로를 맞대는 느낌으로, 혼자가 아니라는 느낌으로, 든든한 연결감으로, 나를 좀 더 먼 곳으로 안내하곤 한다.

삼월에

새 학년 새 학기가 시작되었다. 새로운 공간으로 첫발을 떼는 아이들을 보면서 부모들의 불안감은 크다. 아이들의 모든 것을 챙겨주었던 부모일 경우, 더욱 더 복잡한 감정 상태를 경험하는 3월일 것이다. 어쩌면 아이와 분리될 준비가 안 된 것은 아이들이 아니라 부모일지도 모른다.

새 학기는 모든 것이 낯설고 새롭다. 특히 입학은 낯선 환경을 경험하는 시기이다. 몸과 마음의 긴장감이 클 수밖에 없다. 아이는 새로운 선생님과 친구들을 견디며 자기 안의 익숙함과 충돌한다. 이런 긴장감 속에서 아이들은 배가 아프기도 하고, 밤에 오줌을 누기도 하고 손톱을 물어뜯기도 한다. 담임선생님을 무서워하기도 하고 친구들을 미워하기도 한다. 물건을 잃어버리기도 하고, 길을 잘못 들어 헤매기도 한다. 아이가 평소에 하지 않았던 행동을 한다면 '정신 차려!'라고 말하기보다는 기꺼이 응원해야 한다. 그것은 낯선 환경에 적응하기 위한 몸짓이기 때문이다.

부모의 과잉보호는 두려움에서 생겨난 통제 본능이다. 두려움을 기반으로 하는 통제로는 아이들을 자유롭고 건강하게 키울 수 없다. 아이들의 행동을 시간대별로 쪼개서 보호라는 명목으로 점검하는 부모들이 많다. 감시와 통제만으로는 아이들의 건강한 성장을 보장하기 어렵다.

아이들의 세계는 호기심 천국이다. 호기심이 없는 아이들은 사실 그만큼 부모의 두려움과 불안으로 인해 통제당한 결과일 수 있다. 가장 비극적인 것은 아이에게서 아이다움을, 생기발랄함을 제거하는 일이다. 호기심을 싹둑 잘라내어 자연스러움을 없애고 그 자리에 부모가 원하는 것을 주입하는 것이다. 아이들이 시도해봄으로써 자신의 궁금증을 해결해갈 수 있다면 그 어떤 일보다 즐거울 것이다.

아이들에게 꼭 필요한 몇 가지 안전 수칙을 가르칠 필요는 있다. 자신을 보호할 수 있는 안전기술을 알려주는 것이 아이들에게 자신감을 심어줄 수 있다. 안전수칙을 잘 지키는 아이를 보며 "너를 안전하게 지킬 수 있었구나."라는 말은 아이에게 큰 자신감을 준다.

아이의 발달단계에 따른 진정한 욕구는 배려되지 않은 채, 부모가 결핍된 정서를 채우기 위해 자신이 못했던 것을 대신해 주는 존재로, 특정한 목적을 이루기 위한 수단으로, 자신의 소유물로 여기는 순간 아이의 역동적인 성장은 멈추고 만다.

　아이는 태어나는 그 순간부터 심리적으로 성장하고 생명을 유지하기 위해 부모에게 존중을 받아야만 하는 존재다. 부모가 자신의 결핍을 아이를 통해 충족하기 위해서 교육이란 이름으로, '너'를 위해서라는 이유로, 아이에게 무언가를 무리하게 강제한다면 그것은 아이가 마땅히 누려야 할 자신의 본능과 재미있는 감정을 신뢰할 수 있는 권리를 빼앗는 행위이다.

　아이가 성장해가고 있다는 것은 부모의 영향력이나 힘 있는 어른의 영향력에서 어느 정도 벗어나 자기 생각과 느낌을 말할 수 있고 그 느낌과 생각대로 행동하는 것을 말한다. 자기가 좋아하는 것을 찾으며 실제로 좋아하는 것을 해보는 것, 자기 안에서 일어나는 생각들을 그대로 말하는 것, 자기 안에서 느껴지는 느낌대로 살아갈 힘이 생기는 것을 의미한다. 지금 우리는 부모라는 이름으로 아이를 어떻게 대하고 있는가? 교육이라는 이름으로 무언가를 강요하고 있는 것은 아닌가? 아이에게 무엇을 더 요구하지 말자. 부모의 욕구나 주위의 시선에 아이를 가두지 말자.

자전거

중학교 입학 선물로 어머니께서 자전거를 사주셨다. 파스텔톤 하늘색 자전거였다. 자전거 앞부분에는 하얀색 철제 바구니가 매달려 있었다. 나는 자전거가 아주 마음에 들어 빨리 아침이 오기를 기다리며, 자전거를 타고 학교 가는 것을 상상하며 잠이 들었다.

자전거는 등하교용이었다. 자전거 덕분인지 중학교 생활이 무척 기대되었다. 초등학교와는 달리 중학교는 교복을 입었기에, 교복을 입고 자전거를 탄다는 것 자체가 나로서는 영화의 한 장면처럼 멋진 일이었다.

그러나 자전거를 타는 즐거움은 그리 오래가지 못했다.

그날도 학교가 끝나고, 나는 자전거를 타고 내리막길을 달리고 있었다. 3월의 바람은 쌀쌀했고, 공기는 차가웠다. 나는 목에 두툼한 목도리를 두르고 있었다. 내리막길에서 속도가 붙자 목에 감았던 목도리가 바람에 풀어졌다. 목도리가 자전거 바퀴에 들어가는 것이 걱정 되어 다시 감으려는 순간, 나는 자전거의 브레이크를 놓쳤고 자전거는 길가에 있는 핫도그 집 유리문을 향해 돌진하고 있었다. 핫도그 가게 앞에는 핫도그를 사 먹기 위해 학교를 마친 아이들이 옹기종기 모여 있었다. 자전거는 아슬아슬하게 기름이 끓고 있는 튀김 솥을 피해 출입문 유리문을 부수며 멈추었다. 나는 자전거에서 튕겨 나와 가게 안으로 처박혔다. 너무도 순식간에 일어난 일이라 정신을 차릴 수 없었지만, 창피한 마음에 아픔도 잊은 채 몸을 일으켜 세웠다. 피가 바닥에 뚝뚝 떨어졌다. 손가락 사이에 유리 파편이 박히면서 피가 났다. 핫도그 집 주인 아주머니는 급하게 안으로 들어가 수건을 가지고 나와 손에서 나는 피를 닦아주시고 손을 감싸주셨다.

그 사건 후로 나는 자전거를 탈 수 없었다. 다시 자전거를 타는 일은 나에게는 용기가 필요한 일이었다. 아직 나의 왼손에는 그때 사고로 생긴 흉터가 남아있다. 흉터는 작고 흐릿해져 있지만 아직 나는 자전거를 타지 못한다. 꽤 오랜 시간이 흘렀지만, 여전히 사고에 대한 두려움이 마음속에 살아있다.

내가 자전거를 탔던 나이가 되었을 때 아이들이 자전거를 사달라고 졸랐다. 아이들의 간절한 눈빛을 보면서 내 마음속 사고에 대한 두려움 뒤로 자전거를 타고 싶어서 밤새 잠을 설쳤던 그 밤이 생각났다. 나의 두려움으로 아이들의 즐거움을 막을 수는 없었다.

아이들에게 아이보리 빛깔의 바구니가 달린 자전거를 사주었다. 그러나 언제 일어날지 모르는 사고의 걱정으로부터 나는 자유롭지 못했다. 아이들에게도 사소한 자전거 사고들이 있었지만, 아이들은 지금도 자전거를 즐겨 탄다.

올봄, 나는 자전거 타기에 도전하려 한다. 주변에서 말리기도 하고 사고에 대한 걱정이 나를 붙잡기도 하지만 다시 나는 자전거 타기를 즐겨보고 싶다.

안전하게 살려면 우리는 많은 재미를 놓아야 한다. 도전하는 것에는 많은 위험이 따르기도 하지만 도전함으로써 생기는 기쁨 또한 크다. 그것은 살아있다는 증거이기도 하다.

4월이 오면 나는 자전거 타는 일을 즐겨볼 참이다. 도전하면서 새로운 느낌들을 맞이해볼 참이다. 무심천변은 자전거를 타기에는 최적화된 장소이다. 서툰 자전거 솜씨로도 도전하기에 안전한 장소이다. 그리고 또 4월에는 무심천에 벚꽃이 핀다. 만개한 벚꽃잎이 흩날리는 천변 거리를 자전거를 타며 달리는 것을 상상하는 것만으로도 '아 좋다' 소리가 절로 나온다.

아버지의
노래

        빨간 단풍잎들이 떨어지고 서리가 내릴 즈음이면 아버지가 생각난다. "란아~"라고 부르며 대문을 열고 들어오시던 아버지. 어린 나는 아버지에게서 나는 냄새를 좋아했다. 그 냄새는 아버지에게서만 맡을 수 있는 냄새였다. 땀 냄새와 담배 냄새가 섞인 구수한 아버지 냄새. 먼 곳에서 일을 마치고 돌아오시는 아버지를 제일 먼저 맞이한 것은 언제나 나였다. 해가 지도록 골목에서 놀고 있는 나를 불러 번쩍 안으시고는 당신의 까슬까슬한 턱수염을 내 얼굴에 비비셨던 아버지.
   막내인 나는 아버지와 엄마 사이에 누워 부모님이 나누시는 이야기를 들으며 잠이 들었다. 두런두런 어둠 속에서 주고받는 말들은 어린 내가 알아들을 수 없는 내용의 것이었다. 대부분은 걱정

어린 말들 속에 한숨이 섞인 이야기들이었다. 부엌에서 들려오는 소리에 잠이 깨는 아침은 상쾌했다. 아버지를 부르시는 엄마 목소리, 밥 냄새, 도마 위에서 움직이는 칼질 소리, 나무들이 타는 소리, 밥이 다 되면 파란빛깔이 나도록 제 몸을 다 태운 나무들을 아궁이 밖으로 꺼내 잘게 두들겨 깬 다음 앵그락*을 만든다. 거기에 석쇠를 올리고 갈치를 굽거나 고등어를 굽는다. 생선 굽는 냄새를 맡으며 나는 잠에서 깨어나곤 했다.

달게 자고 일어난 아침, 보글보글 끓고 있는 청국장찌개가 오른 밥상 앞에 우린 형제들은 마주 앉았다. 아버지는 생선가시를 발라 우리들의 밥숟가락 위에 올려주셨다. 잔가시가 있을 수 있으니 꼭꼭 씹어서 삼키라고 내가 밥을 다 삼킬 때까지 당신의 수저를 들지 않으셨다. 그때는 몰랐다. 아버지의 자상함을. 등굣길에 머리를 묶어주셨던 것도 아버지셨다. 머리카락 한 올 남기지 않고 꽁꽁 묶어준 머리는 너무 아팠지만 아버지가 묶어준 머리는 학교가 파할 때까지 흩트러지지 않은 채 그대로였다.

나는 아버지의 따스한 손길이 좋았다. 아버지는 노래를 자주 부르셨다. 〈백마강 달밤에〉와 〈울고넘는 박달재〉는 아버지가 즐겨 부르셨던 노래였다. 나는 아버지의 노랫소리가 좋았는데, 엄마는 노래를 흥얼거리시는 아버지를 못마땅해 하셨다. 바짝 정신을 차리고 살아도 살까 말까 한 세상에 노래나 흥얼거리고 있는 아버지의 삶의 태도는 엄마에게는 두고두고 잔소리꺼리가 되었다.

나는 아버지를 좋아했음에도 이런 내 마음을 제대로 표현해본

적이 없다. 아버지를 따뜻하게 한번 안아 드리지 못했다. "아버지의 노래가 좋아요."라고 말하지 못했다. "아버지에게서 나는 냄새가 좋아요."라고 말하지 못했다. 어느 해 가을 아버지의 무덤에 갔다. 준비해 간 술 한잔 아버지 앞에 올렸다. 아버지가 "란아"라고 불렀듯, 나 역시 "아버지"라고 부르며 한참을 울었다. 울면서 나는 알게 되었다. 아버지에게 하고 싶었던 말, "아버지 보고 싶어요. 아버지 사랑해요. 아버지 고맙습니다." 그 말이면 되었다는 것을.

무엇을 그리 아꼈는지, 살아생전에 좀 더 당신의 이야기를 들어주지 못한 것이 못내 아쉬웠다. 그 아쉬움은 노래가 되어 흘러나온다.

'백마강 달밤에 물새가 울어, 잃어버린 옛날이 애달프구나. 저어라 사공아 일엽편주 두둥실'

아버지의 노래는 긴장되는 어느 순간을 녹여내는 봄바람처럼, 기분 좋게 취한 발걸음처럼 내 곁으로 때때로 흘러든다.

*앵그락: 장작나무를 태우다가 불빛이 좋을 때 꺼내 잘게 깬 숯

좋은 부모
나쁜 부모

『엄마 됨을 후회함』이란 책을 읽었다. 나 역시 엄마이고, 잘한 일 중의 하나가 엄마가 된 것으로 생각하며 살아가고 있는데, 세 아이의 엄마라는 것에 나름 자부심을 느끼며 살아가고 있는데 엄마 됨을 후회하다니. 뭘까? 제목이 일단 끌렸다. 책을 읽어 내려가다 보니, '아하 그렇구나!' 싶었다.

우리 다섯 남매를 키우실 때 엄마 역시 "너희들만 아니었으면…" 이란 말을 입에 달고 사셨고, 또 역시 내가 만나는 많은 어머니들이 "아이들 때문에요."라고 말한다. 엄마가 되면서 여성들은 누려왔던 많은 것을 반납해야 하는 것이 사실이다. 아이와 치러야 할 전쟁은 발달 시기마다 일상에서 되풀이되기에 아이들을 마냥 기쁘게 있는 그대로만 봐주며 살 수 없는 것이 현실이다. 아이가 기쁜 존재이기도 하지만 여전히 아이는 나를 즐겁게만 하지 않는 존재이다. 아이가 어릴수록 수시로 안전을 가르쳐야 하고 일일이 아이와 밀착해서 일거수일투족을 관찰해야 한다. 무엇보다도 주 양육은 언제나 엄마의 몫이기에 "엄마라는 사람이 집에서 하는 일이 뭐야!"라는 말은 아이에게 안 좋은 일들이 생겼을 때 들어야 하는 말이기도 했다.

엄마가 되기 전에 누려왔던 것들을 잃어버리게 하는 임신과 출산 그리고 양육은 고통의 원천처럼 보이기도 한다. 이 사실을 숨긴 채, 아이를 마냥 사랑하지 않는 자신을 탓하며 아이보다 자신의 욕구를 먼저 생각하는 것에 죄의식을 느끼는 엄마도 많다. 일하는 엄마든, 아이를 전일제로 키우는 엄마든 간에 엄마라는 위치는 죄책감에서 벗어날 수 없는 것 또한 현실이다.

모성은 끝없이 강요되고 좋은 엄마여야 한다는 부담감은 끝없이 작동한다.

물론 어린 시절 자신의 오류를 아이를 통해 수정하고픈 바람도 있으므로 자신만의 유년의 놀이터에서 마음껏 아이랑 뛰어놀 기회가 되기도 한다. 그러나 아이를 통해서 끊임없이 성숙해져 갈 수밖에 없는 상황에 놓이는 것이지 즐겁게 아이를 양육하는 일은 여전히 어려운 일이다. 아이를 낳음으로써 여성에게 주어지는 사회적 혜택들도 물론 있다. 기혼여성이 미혼여성보다 권력의 위치를 점하는 것도 사실이고 그만큼 사회적으로 배려 받는 측면이 있는 것도 사실이다. 아이를 키우는 사람들만의 '그 마음 내가 알지'라는 공감의 영역은 지지가 되고 힘이 되기도 한다. 그러나 자유롭고 자신의 욕구를 먼저 생각하는 이기적인 엄마는 나쁜 엄마라는 등식은 아직도 유효하다.

좋은 엄마와 나쁜 엄마를 말하기 전에 나는 부모의 역할을 말하고 싶다. 아이의 양육에서 아버지의 역할보다는 엄마의 역할이 더 강조되고 책임을 묻는 측면이 더 많기 때문이다.

부모는 하나의 지붕을 받치고 있는 두 기둥이다. 아무리 한쪽의 기둥이 튼튼하게 받치고 있다고 해도 한쪽이 역할을 못 하면 그 집은 기울기 마련이다. 균형있게 받치는 두 기둥이 아이들에게는 안정감을 주며 해가 지면 집으로 돌아가 편안하게 휴식을 취하고 싶은 것이다. 기울어져 곧 쓰러질 것 같은 집으로 들어가고픈 아이들이 있을까?

좋은 부모는 누구의 탓이라 말하지 않는다. 나쁜 부모는 상대를 탓한다. 자신이 한쪽 기둥이라는 사실을 망각한 채 아이처럼 놀기만을 바라는 자기 역할에 대한 인식 부족이 있다.

그래서일까? 성숙하지 않은 인격을 가지고 아이를 키운다는 것은 그만큼 생살을 찢는 고통을 감내하는 일이다. 나 역시 그러했고 그러한 과정에서 길을 잃기도 했다. 처음으로 하는 부모라는 역할과 좋은 부모여야 한다는 명제 앞에서 누구도 이것이 정답이라고 말할 수는 없을 것이다. 나는 문제를 안고 찾아오는 부모님들께 '강물이 어떻게 바다를 이해하겠어요.' 라는 비유를 즐겨 한다. 여기서 강물은 부모를 말한다. 아이들은 부모의 기질을 가지고 태어나지만 전혀 다른 유기체이다. 부모 자신들이 살아왔던 방식대로 아이들에게 적용한다면 그것은 강물이 바다를 통제하려는 꼴이 된다. 강물은 부단히 바다를 향해 흘러가야 할 뿐이다.

당신 안의 길, 내 안의 길

나는 언어치료사란 직업으로 일을 시작했다. 그때만 해도 언어치료사라는 직업이 생소할 때였다. 혀끝으로 모서리를 훑고 다니는 아이, 까치발을 들고 외줄을 타듯 춤을 추듯 걷는 아이, 이상한 소리를 규칙적으로 내는 아이들을 보며 '대체 너는 어느 별에서 왔니?'라는 물음이 절로 나왔다. 아이 하나하나가 미지의 행성에서 온 외계인처럼 낯설었다. 나에게로 오는 아이들의 머릿속이 궁금했다.

발달장애 아이들의 초점 없는 눈, 주고받기가 안 되고, 자기를 보호할 수 없고, 같은 실수를 반복하면서도 실수를 통해 배우지 못하며, 다른 곳을 보고 앞뒤 맥락 없이 웃거나 소리를 내지르는 모습들을 보면서 원인을 알면 치료가 더 정확하지 않을까 싶었다. 아이들을 정상적으로 만들기 위해서 뇌구조를 알아야 한다고 생각했다. 하지만 시간이 지날수록 달라도 한참 다른, 비교할 수도 기준을 정할 수도 없는 아이들을 만나면서 나는 알게 되었다. 내가 만나는 아이들은 그 자체로 하나의 우주라는 것을. 아이들이 말이 아닌 다른 무엇으로 내게 묻고 있다는 것을. 살아있다는 것 자체로, 존재 그 자체로 사랑할 수 있느냐를. 그 존재적 물음을 느낄 때마다 힘들었지만 경이로웠다. 정작 아이들은 행복하다는 것이었다. 읽고 쓸 줄도 모르고 말도 못하고 오늘이 며칠인지 몰라도 아이들에게는 문제될 게 없었다.

  불행한 것은 아이들을 정상적으로 만들어야 한다고 생각하는 부모, '나'와 다른 '너'를 인정하지 않는 시선, 그리고 비정상인으로 몰아가는 사회적 환경이었다.

  나는 우리의 뇌를 길로 비유하고 싶다. 앞을 향해 목적지를 향해 속도를 내며 직진만 할 수 있는 고속도로만으로 뇌의 회로를 구축한다면 우리의 삶은 다양성을 잃어버리기 쉽다. 숲이 있고 거리에 나무가 있고 걸을 수도 있고 차도 다닐 수 있는 길. 경운기도 유모차도 다닐 수 있는 길들이 우리의 머릿속에 함께 있을 때 우리의 생활은 더 풍성해질 것이다.

  각자의 뇌는 자기만의 독특한 모양으로 있다. 세상에 똑같은 사람이 없듯이 우리의 뇌도 각기 다르게 존재한다. 그것은 각자의 경험으로 각자의 역사로 각자의 생에 영향을 주는 생활환경이나 자연환경의 차이로 인해 그러하다.

사실 삶이 고단해지는 것은 선택할 수 있는 선택지가 막혀있을 때이다. 선택에 제한이 걸려있을 때 퍽퍽한 일상을 경험한다. 빨리 달리기 위해서 큰길만을 고집하고 울퉁불퉁하고 좁은 길을 폐쇄해 버리는 것은 그 길을 다니기를 즐겨하거나 그 길을 다닐 수밖에 없는 사람들에게는 폭력이다. 굳어진 뇌의 회로를 다시 복구하는 일은 익숙하지 않은 일을 함으로써 시작된다. 처음 시도하는 일이라 어색하고 불편하고 쭈뼛거릴 수 있지만 여러 번 해보면 자신의 머릿속에 하나의 회로가 만들어진다.

다양성의 수용이야말로 행복한 삶을 살기 위한 조건이다. 내 마음의 이야기를 해도 듣지도 묻지도 않고 규정부터 해버리는 일은 신호등 없이 직진만을 해온 사람들의 특징이기도 하다. 나와 다름을 신기해 하고, 타인의 아픔에 같이 울 수 있으며, 자신의 연약함을 드러낼 수 있는 용기는 당신의 뇌 속에 산책하기 좋은 오솔길을 만드는 일이다. 서로 다른 오솔길을 산책하며 여러 갈래 길에서 만나는 사람들과 반갑게 인사를 나누는 일만큼 기분 좋은 일이 있을까?

오늘 당신은 어디로 산책을 나서는가? 상상만으로도 숲의 향기가 느껴지는 길인가? 바람이 느껴지는 길인가?

사랑도
명예도

　　　　　　　　　지난 5월 18일, 광주 5·18 묘역에서 추모식이 열렸다. 추모식장은 문재인 대통령이 도착하자 여기저기서 '문재인'을 연호하는 함성들로 채워졌다. 광주 시민들뿐만 아니라 전국 각지에서 사람들이 모였다. 그들의 표정은 밝았다. 추모일이 아니라 축제날 같았다.

　추모식을 중계하는 생방송을 시청했던 많은 사람들은 119 구조 차량을 먼저 보내는 대통령 차량에 감동했으며, 〈님을 위한 행진곡〉을 함께 부를 수 있어서 또 감동했다. 그리고 유족의 추모사를 들으며 눈물을 닦는 대통령의 모습에 안도했다. 동시에 참고 견디었던 그 무엇이 터지며 이름 붙일 수 없는 설움이 몰려왔다. 그러나 이것이 끝이 아니었다.

유족의 추모글을 낭독하는 시간이었다. 추모글을 낭독한 김소형 씨는 울먹이는 목소리로 "내가 태어나지 않았더라면 엄마 아빠는 참 행복하게 살아 계셨을 텐데."라고 말했다. 철없었을 때라고 말했지만, 사실은 얼마나 많은 시간을 자신의 존재를 탓하며 살았을까? 또 얼마나 많은 시간 동안 자신의 생명을 부정하고 싶었을까? 한 번도 아버지의 얼굴을 보지 못한 채, 자신의 생일이 아버지의 기일임을 알게 되면서 느꼈을 고통이 고스란히 전해졌다. 이제 당시 아버지보다 더 나이가 들어 아버지가 하신 일이 정의로운 일임을, 아니 정의롭기 이전에 사람으로서는 당연하게 할 수밖에 없었던 일임을, 그리고 그 일은 세상의 모든 아버지가 자식들에게 물려주고픈 세상, 행복하게 살아갈 길을 죽음으로써 열어주신 것임을 알게 되었다는 그녀의 고백은 그 자리에 있는 사람들뿐만 아니라 화면을 통해 보는 많은 사람을 울게 했다. 박수 받아야 하고 위로 받아야 하는 사람들이 오히려 숨어서 피해자로 살아야 했던 그 고통에 무심했던 나를 돌아보게 했다.

　추모사를 마친 소형 씨가 몸을 돌려 무대 아래쪽으로 향했다. 눈물을 닦던 대통령이 앉아 있던 자리에서 일어났고 "소형 씨"를 부르며 그녀에게로 성큼성큼 걸어갔다. 복받쳐 오른 감정에 쌓인 그녀는 경호원의 안내 손짓을 보고서야 자신을 향해 걸어오는 대통령을 보았고, 대통령은 소형 씨를 안아주었다. 마음속에서 무언가 씻겨나가는 시원함을 느꼈다. 나 역시 눈물을 닦으며 '세상에나, 도대체 우리는 어떤 세상을 살아온 거야.' 싶었다.

누구나 응당 누려야 할 것들을 누리지 못하고 살다 보면 사소한 것에도 당연한 것들에도 감동한다. 오랜 시간 부당한 상황에 놓여 살다보면 부당함을 느낄 수 있는 감수성이 죽는다. 대접받아야 할 것에 대해서도 배려 받아야 하는 것에 대해서도 무감각해진다. 혹 누군가가 인격적으로 대우하면 오히려 의심의 눈빛을 보내기도 한다. 새 대통령을 바라보는 다수의 시민이 이와 같지 않을까 싶다. 응당 누려야 할 것들을 억누르고 살아오다 보니 당연하게 받아야 할 것들에 대해, 잃어버린 것들을 다시 돌려받은 것에 대해 한없이 고마워하는 것은 아닌가 싶었다.

봉하마을 노무현 대통령 묘역에는 이런 문구가 새겨져 있다.

"민주주의 최후의 보루는 시민들의 깨어있는 조직된 힘이다"

시민들의 자발적이고 조직된 힘을 우리는 촛불에서 만났다. 그 촛불은 사람 사는 세상, 상식이 통하는 세상을 실천해줄 대통령을 우리에게 주었다. 그리고 우리는 함께 불렀다. 사랑도 명예도 이름도 남김없이.

충분히 좋은 삶

공부에는 당최 취미가 없는 둘째가 워킹홀리데이로 뉴질랜드에 갔다가 꼬박 일년 동안 일을 하고 돌아왔다. 아이가 일한 곳은 오클랜드 근처 해변이 보이는 초밥집이었다.

포장 판대로 초밥을 포장하고 튀김요리를 하는 등 종일 서서 일을 해야 하는 노동이었다고 한다. 집으로 돌아온 아이는 한결 성숙해져 있었다. 스스로 번 돈으로 먹고 자고 생활한 경험에서 얻은 성숙함이었다. 나는 아이에게 가장 힘든 것이 무엇이었는가를 물었다. 아이의 대답은 간단했다. 힘들게 일하고 와서 혼자 있는 시간이 제일 힘들었다고 한다. 함께 맛있는 치킨을 먹을 수 있는 사람들이 있는 한국이 더 좋다고 한다. 소소한 일상을 같이 할 수 있는 익숙한 공간과 행위들이 너무도 그리웠다는 것이다.

우리나라를 재미있는 지옥이라 하고 뉴질랜드를 지루한 천국이라고 한다. 지루함과 재미의 공존은 어려운 일일까? 충분히 좋은 삶에 대해 고민을 시작한 둘째를 보면서 나 역시 스무 살의 나를 떠올려본다.

부모님은 내가 대학에 가기를 바랐다. 나 역시 대학을 가지 않은 나의 삶을 생각할 수 없었다. 고등학교를 졸업하면 당연하게 대학에 가는 것이 순서라고 생각했다. 부모님이 열심히 일하는 것도 자식들을 가르치기 위한 것으로 생각했고, 당신들이 누릴 수 없는 것을 자식들은 누리게 해주기 위해서라고 생각했다.

부모님은 충분히 좋은 삶을 생각할 수 없는 조건의 시대 상황 속에서 사셨다. 살아남는 것이 유일한 삶의 목표였고, 배불리 먹고 병들지 않고 전쟁이 없다면 족했다. 그리고 열심히 일해야만 겨우 먹고사는 삶이었다.

성인이 되어서도 나는 부모님께 태어나게 해주셔서, 오늘을 살게 해주셔서, 감사하다는 마음을 갖지 못했다. 어버이날은 의례적인 선물을 준비해 함께 식사하는 정도의 행사 날이었다. 부모님이 천년만년 살아주실 거라고는 생각하지 않았지만, 그래도 내가 필요하다고 생각한 어느 시간까지는 살아주실 거라고 믿었다. 그러나 사라진다는 것을, 이미 예정되어 있고 그 예정된 시간 속에는 불현듯 다가오는 것들로 채워지기도 한다는 것을 알지 못했다.

사라지고 나서야 알게 되는 것들은 부질없다는 허무감만이 아니다. 충분히 좋을 수 있는 시간을 나누지 못한 것에 대한 아쉬움이 있다. 좋은 추억들을 갖지 못한 것에 대한 안타까움은 나의 한 부분으로 자리하고 있다.

부모와 자식이라는 이분법적인 시선으로 바라보는 것이 아니라 서로의 존재에 대해 좀 더 내밀하게 바라볼 수 있었다면 얼마나 좋았을까. 그러나 사실은 서로의 존재를 내밀하게 바라보기 위해서는 개인의 노력만으로는 불가능하다. 혼자서는 살기 좋은 세상을 만들 수 없다. 어버이날을 정해두고 꽃을 달아드리고 식사를 하는 것이 아니라, 소소한 일상을 즐기며 나눌 수 있는, 저녁이 있는 삶이 보장되는 시스템이어야 한다. 어떤 특정한 날이 아닌 늘 그렇게 기쁘고 즐겁고 소소한 다툼이 공존하며 서로가 충분히 좋은 것들을 생각할 수 있게 하는 시스템이어야 한다.

세상을 바꾸는 곧고 빠른 길은 어떤 것이 있을까?

개인적인 것은 지극히 정치적인 것이다. 어떻게 가까운 사람들의 삶을 자신의 삶과 연결할 것인가, 보다 평화롭고 풍요롭기 위해서 우리는 무엇을 어떻게 해야 할 것인가. 오늘도 생각하고 또 생각하는 것이다.

제3부
참 잘한 일

살아있다는 생생함은 자기 경계를 벗어난 호흡이다.
일상의 영역이 점점 자동화되어가는 나를, 낯설은 환경 속에 던져두고서
길에서, 프라하 성에서,
이국 도시의 카페에 앉아서 책을 읽고 있을 때는
'그래 그래, 좋아 좋아' 라고 말해주는 것 같았다.

첫눈

나에게 물어줘, 너의 첫사랑은 어떠했는지를. 어떻게 그런 남자를 사랑하게 되었냐고, 사랑에는 조건이 있을 수 없다고 이야기하는 사람들 틈바구니에 있을 때 나는 내가 사랑하는 대상에 대해 조금은 숨을 쉴 수 있었다. 사랑의 조건에 대해 이야기들이 돌아가면 나는 내가 사랑하는 대상을 커다란 천으로 덮어두고는 가만가만 그들이 말하는 사랑의 조건들을 들었다.

내가 사랑한 남자. 대학 신입생 때 첫사랑이라고 이야기 할 수 있는 그 남자를 만났다. 그 남자에게 온 정신이 가 있었던 나홀로 뜨거웠던 그 시절.

삼수까지 하고서야 나는 대학에 입학할 수 있었다. 대학에 입학했다는 것만으로도 할 일을 다한 듯 나는 무료한 3월을 보내고 있었다. 학교에서 10분 거리에 있는 지은 지 20년이 다 된 5층 아파트 5층에 방 한 칸을 얻어서 자취생활을 시작했다. 집주인은 여자아이 둘을 키우고 있었다. 방이 두 칸인 13평 아파트. 그 중 한 칸을 세를 놓았으니 그것도 중학생쯤으로 보이는 사춘기 딸에게 줘야 할 방을 내게 주었으니 그 형편이 얼마나 퍽퍽한가를 지금은 짐작할 수 있겠으나 그때는 그러한 상황을 알기는 어려웠다. 내 방안에는 주인집에서 쓰다가 미처 치우지 못한 커다란 책상 하나가 가구의 전부였다. 밥솥 하나 그리고 깔고 덮을 이불 한 채, 숟가락 젓가락 밥공기 한 개, 접시 두어 개, 도마와 칼, 겨울 옷가지 두어 벌이 전부인 자취방은 황량하고 낯설었다. 고등학교 1학년 때부터 자취를 시작했으니 자취 살림에도 이골이 날만한데 여전히 나는 어떻게 자취생활을 해야 하는지 처음으로 엄마 곁에서 떨어진 아이처럼 두려웠다. 아마도 아무런 연고가 없는 지역이어서 더 그랬는지도 모르겠다. 반은 얼이 빠진 채 어리버리하게 학교와 자취방을 오고가는 3월이었다.

아무리 거리를 걷고 또 걸어 다녀도 안면이 있는 얼굴을 만날 수 없는 도시, 그것은 내가 바라온 것임에도 막상 그 상황에 놓이니 현실은 춥고 외로웠다. 과에도 적응하기가 어려운 신입생으로 전락해가는 즈음에 4월이 왔다. 봄볕은 따사로웠으며 무언가 이물적인 것들이 섞인 채 건조한 일상의 켠켠에 알게 모르게 갈망이 숨어 때를 기다리고 있었다.

인문대를 빠져나와 잔디밭을 지나면 광장 옆으로 네 짝짜리 게시판이 있었다. 토익 토플 수강 안내가 주로 붙어있는 게시판에서 그날 나는 신입회원 모집 공고문을 보았다. 교양수업이 끝나고 인문대 로비를 빠져나오는데 우연히 내 눈길을 붙잡은 것이 '객토문학연구회 신입학우모집' 대자보였다. 산성화된 문학 풍토를 갈아엎자는 내용의 선전문이었으며, 모임이 끝나고 단골 순대집 뒤풀이가 있다는 문구가 나의 발길을 붙잡고 있었다. 팔절지 크기의 자보는 조잡했다. 객토라는 글씨에 번개표시가 되어 있어서 마치 초등학교 포스터를 연상하게 했다. 어쩌면 그러한 조잡함이 내 마음을 안심시켰는지도 모르겠다. 강의가 끝난 시간이 오후 서너 시였으니 6시까지 기다리려면 두세 시간을 때워야 할 곳이 필요했다. 자취방으로 숨어들고픈 마음을 뒤로 하고 6시를 기다려 인문대 강의실로 향했다. 인문대 강의실 208호. 삐그덕 문을 열고 들어갔다. 시간은 6시. 아무도 없었다. 그냥 나오기에는 내가 기다린 시간이 아까웠다, 나는 기다려보기로 했다. 잠시 후 밖에서 들리는 발자국 소리, 두런두런 이야기 소리들이 들리고 남자선배로 보이는 두서너 명이 들어왔다. 검정색 커다란 뿔테 안경에 작달막한 키. 그 선배는 국문과 4학년이라고 했고, 자신을 회장이라고 소개했다.

  신입회원으로 온 것에 대해 관심을 아끼지 않으며 맨 앞자리로 나를 안내했으며, 몇몇의 사람들이 오자 회장은 모임을 시작하겠다고 했다. 먼저 신입회원인 나에게 자기소개 시간을 할애했다. 엉거주춤 일어서는 순간 강의실 앞문이 열렸다. 낮고 가느다란 목소리가 내 귓속으로 들어왔다. 몸을 돌려 그를 보았다. 마른 몸에 뾰족한 얼굴, 느리면서도 확실한 어투를 가진 그 남자는 신입회원인

나의 시선을 건너뛰며 다른 사람들과 말장난을 하며 느릿느릿 나를 지나치며 창가 쪽으로 걸어갔다. 나를 지나쳐 가는데도 나는 그 남자가 창가 쪽에 앉을 때까지 그를 바라보았다. 시합평이 시작되자 그의 태도는 돌변했다. 집요하리만치 그는 시를 해부하고 첨가하고 칭찬하며 시합평을 주도했다. 그의 말빨을 대적할 사람은 없었다. 어느 정도 이야기들이 줄어들자 신입회원 환영회를 해준다는 명분으로 단골이라는 순대집으로 나를 안내했다. 그날 나는 태어나서 마실 수 있는 술을 다 마신 듯하다. 얼마나 마셨는지 모른 채, 무언가에 들뜬 채, 신입생 환영회를 마쳤다.

신입생 환영회 이후 나는 그의 마음에 들기 위해 시를 쓰기 시작했다. 시에 대한 과격한 발언 때문인지 다른 신입생에 비해 다양한 경험을 한 내가 신기했던지 그는 나를 포함시켜 단골 술집에 모여 지치지도 않고 시국에 대해 다양한 운동의 방식에 대해 시가 이 시대에 해야 할 역할에 대해 강조해서 말했다.

그는 내가 쏟아내는 표현에 흡족해하는 표정을 보내기도 하고, 때로는 격렬하게 나를 비판하기도 하며, 한 치도 그에게서 눈을 뗄 수 없게 만들었다. 그러나 한 학기가 지나고 가을학기가 오도록 그에게 내 마음을 전할 수 없었다.

가을 정기시전도 마치고 잠시 소강상태로 11월도 중반을 넘어서고 있었다. 그에게 향한 내 마음을 어찌지 못하고 나는 날마다 아파트 창문을 통해 그가 혹시나 지나가지 않을까 싶어 그를 기다렸다. 나의 모든 감각은 그를 향해 있었다.

그러던 어느 날 밤 자정을 넘긴 시간에 계단을 올라오는 남자의 구둣소리가 들려왔다. 또박또박 올라오는 구둣소리가 아파트 문 앞에 멈추는 듯했다. 내 방은 아파트 현관 쪽에 있었으므로 계단에서 들려오는 소리들로 나는 가끔씩 잠을 깨곤 했다. 매번 그가 아닐까 하는 바람으로 깨어난 잠은 다시 잠들기까지 뒤척이며 보내는 시간들이었다. 그런데 그가 내 이름을 나지막하게 부르는 것이다. 아마도 나의 오랜 바람이 이루어진 것일까. 숨을 죽이며 다시 내 귀를 확인했다. 그는 아래에서 내 방 창에 켜져있는 불빛을 보고 올라왔으리라. 나는 주인집이 잠에서 깨어나지 않게 최대한 소리를 죽여가며 현관문을 열었다. 조금 취한 듯 흔들리는 듯 문 앞에 그가 서 있었다. 하늘색 빛깔의 야상을 입은 그는 추워 보였다. 그를 방으로 안내했다. 아랫목에 앉게 했다. 추운 몸을 빨리 따뜻하게 해주고 싶었다. 그를 가장 따뜻한 아랫목으로 앉게 하였으나 그는 연신 자기 옆 나란히 내가 앉기를 원했다. 아랫목에 나란히 앉자 내 어깨에 팔을 두르며 그가 말을 시작했다. 왜 자신을 좋아하느냐고, 자기 같은 사람을 좋아하지 말고 더 멋진 사람을 좋아하라고. 그러면서도 좋다고 왜 말하지 않았냐고 그는 내 어깨를 힘주어 감싸며 고개 숙인 얼굴에서 내 눈을 찾아 보며 물었다. 그가 내 어깨에 두른 팔에 신경이 집중되어 있어서인지 나는 이상하게 지금의 상황이 꿈같이 느껴졌다. 그의 아스라한 눈빛, 서로의 가슴이 맞닿아있는 지금의 상황은 분명 내가 한결같이 그리던 바로 그 장면이었다. 상상하고 상상했던 그것.

그날 밤 그는 내게 팔베개를 해주었다. 그 품에 안겨서 잠들기를 얼마나 상상했던가? 그의 품은 얼마나 포근할까를 얼마나 추측했던가? 그러나 나는 한잠도 잘 수가 없었다. 고르게 숨을 쉬며 잠들어 있는 그가 잠에서 깰까봐 나는 숨도 제대로 못 쉬며 동이 터 오는 새벽을 기다리고 있었다. 어스름한 빛이 창으로 새어들자 나는 잠든 그를 방에 두고 밖으로 나왔다. 그에게 새 양말이라도 사서 신겨 보내고 싶은 마음에 아파트 계단을 내려섰다. 아파트 계단의 창으로 첫눈이 내리고 있었다. 창에 매달려 첫눈을 한참 동안 바라보았다. 얼른 가서 새 양말을 사야 하는데, 눈은 멈춘 듯 일시에 뿌리는 듯 내리고 있었다. 거리는 고요했다. 새벽 6시에 문을 연 상점이 있을까?

그는 일어났을까? 아직 잠자고 있을까? 눈을 뜬 그가 조용히 내 방을 빠져나가기를 바라는 마음 하나와 내가 돌아갔을 때 그가 아직 잠들어 있기를 바라는 마음 사이사이로 첫눈은 오래오래 내렸다. 내 첫사랑만큼이나 신겨주고픈 새 양말만큼이나 새록새록.

그녀에게 가는 길

그녀의 부고가 올까봐 나는 걱정이 태산이었다. 틈틈이 그녀의 카카오톡 프로필을 확인하면서 그녀의 생사를 가늠하며 안도의 숨을 내쉬기도 했다. 이런 불안감은 오랜만에 그녀에게서 연락이 오면서부터이다. 그녀와 만날 약속을 잡고 그녀에게 줄 선물로 그녀의 초상화를 그리다 보니 장례식장 국화더미 속에 굳게 입을 다물고 있는 영정사진이 연상되면서 내 불안의 내용이 무엇인지 분명히 깨닫게 되었다. 그녀를 잃어버릴지 모른다는, 다시 볼 수 없을지도 모른다는 어떤 예감이 나를 무력하게 만들었다.

사실, 그녀의 죽음을 내게 알려줄 사람은 없다. 그녀의 병상을 지킬 수 있는 기회를 그녀나 그녀의 남편이 내게 줄까. 그만큼 우리는 가까운가? 그만큼의 우정을 나눴는가를 묻는다면 자신할 수 없다. 나는 우정의 두께에 대해 생각하며 생의 결정적 순간을 나눌 만큼 친밀한 관계는 어떤 관계인지 궁금해졌다. 남에게 민폐 끼치는 것을 죽기보다도 싫어하는 그녀가 내게 연락할 리가 없다고 단정하면서도 그녀만의 스타일이라고 인정해주기에는 살아있는 우리의 시간이 너무 짧다는 생각이 들었다. 그녀도 나도 아직 살아있다. 시간이 우리에게 남아있는 것이다.

오래전 대학원 박사과정 수업에서 그녀를 만났다. 그녀도 나도 타과생으로 수업에 참여한 것이라 어색한 수업 분위기를 감수해야 했다. 그녀는 작고 단정한 용모, 또랑또랑한 목소리를 가지고 있었다. 발표를 할 때나 질문을 할 때 꽤나 그녀는 공격적인 화법을 썼다. '이를테면'이나 '그렇다면'이라는 말을 자주 사용했다. 저녁 일곱 시에 시작되는 수업이었다. 수강생들은 일을 마치고 대부분 허겁지겁 달려왔기에 그녀의 공격적인 질문은 호감을 주기보다 사람들을 불편하게 했다. 그녀의 무채색 옷차림은 '도를 아십니까' 묻는 사람들을 떠올리게 했으며, 군살 하나 없는 깡마른 몸은 그녀의 까칠함을 대변하기에 충분했다. 그녀에게 아무도 선뜻 말을 건네지 못했다.

그런 그녀에게 내가 관심을 갖게 된 것은 그녀가 암환자이고 항암치료로 인해 깡마른 몸이 되었다는 것을 알게 되면서였다. 그녀의 고통이 짐작되면서 나는 다른 시선으로 그녀를 보기 시작했다.

죽음은 소리 소문도 없이 갑자기 찾아오기도 하지만 기간을 두고서 최후의 경고장을 들고서 우리 곁에 바짝 붙어 보초를 서 듯

서 있기도 한다. 낡고 오래된 것들과 이제는 안전하게 결별하고서 새로운 생명으로 살아보는 게 어떠냐고 죽음이 우리에게 말을 건넨다. 새로운 생명으로 산다는 것은 이 생(生)에서도 가능한 일이다. 특히 병으로 오는 죽음의 경고는 곧 새로운 삶으로 이끄는 일이기도 하다. 지금까지 살아온 것들과 결별을 시도해보라는, 변화를 꾀하라는, 바로 이 순간 지금의 자신에게 시선을 두라는 메시지이기도 하다.

영원한 것은 없다. 영원할 것 같은 것들은 있겠지만. 스스로가 누군가를 향해 걸어가는 그 순간, 무언가와 누군가와 지금의 나를 연결하려는 그 순간을 나는 영원이라 생각한다.

사랑은 눈길을 통해 온다. 세상의 공통어가 시선이듯이 내 마음을 전달하고 싶을 때 깊이깊이 상대의 눈을 들여다보면 오해 없이 자신의 마음이 전달되곤 했던 경험들이 누구나 한 번쯤은 있을 것이다. 그 눈길을 나눌 우정의 시간이 우리에게 남아있다. 살아있는 생명으로 나눌 수 있는 가장 값진 이름. 생의 마지막 순간을 사는 그녀에게 너의 존재로 인해 나의 존재가 반짝거렸다는 것을 이야기해줘야겠다. 이 순간을 놓치지 말아야겠다. 용기를 내어 그녀에게 가야겠다.

사월
어느 날

 나는 너를 향해 뛰어갈 수 없어. 내 마음은 너를 향해 달려가지만 정작 나는 눈길이든 발길이든 너에게로 달려갈 수 없어.
 누군가를 향해 나는 미친 듯이 뛰어본 적이 없었어. 하다못해 깜박이는 신호등을 향해 뛰거나, 출발하려는 버스를 향해서도 뛰지 않았어. 내가 가장 싫어하는 것은 빠른 걸음이야. 나는 세상 사람들이 거북이처럼 천천히 또 천천히 걸었으면 좋겠어. 슬로모션으로 말이야.
 거기를 가보았어. 최초의 기억의 집을 찾아서 더듬더듬. 당신이랑 같이 왔으면 얼마나 좋았을까. 당신이랑 같이 왔다면 아마도 나는 너에 대해 이야기하며 당신의 손을 잡으며 편하게 말을 꺼냈을

지도 몰라. 생각보다 기억은 잘 보전되어 있었어. 길을 금방 찾을 수 있었으니 말이야. 우리가 다녔던 초등학교 운동장은 작아서 피식 웃음이 나왔어.

차를 세우고 나자 다시 네가 생각나기 시작했어. 자기에게 불편하다고 생각되어지는 것을 받아들이기까지 얼마만큼의 시간이 필요할까. 불편함을 느끼지도 못하게 하는 사람들 속에서 내가 살아왔다면 아마도 나는 평범한 일상을 살아갔겠지. 이곳에서 말이야. 아침밥상을 차리고 아이들을 챙기고 남편을 따라 밭에 가거나 남편에게 잔소리를 하며 살거나 관광객들을 대상으로 장사를 하며 오늘 얼마나 벌었는지를 헤아리며 살지 않았을까.

초등학교 4학년. 너와의 만남은 내 인생의 갈림길에 이정표 하나를 세워주었지.

어쩌면 내가 생각이라는 것을 하게 되면서부터. 나의 세포가 깨어나고 내가 호흡을 하면서부터. 한사람의 일생에 그 촘촘한 그물망 속에 갇힌 한숨과 걱정 어린 시선과 부지불식간에 쏟아져 나오는 그 수많은 말들과 표정과 미소와 울음, 한숨이 내 속에 쌓이기 시작하면서부터 나의 갈림길은 시작되었는지도 몰라. 괜스레 너를 걸고 넘어지는 것인지도 몰라.

절름발이였던 네 짝. 내 기억 속에서 지울 수만 있다면 지우고 싶은 기억의 중심에 네가 있었지. 알기나 할까. 너는 나를 기억조차 못하겠지. 혹시 나처럼 다리가 불편한 사람을 만나면 다른 사람들보다는 편하게 그들을 대할지도 몰라. 아님 잠시 그 애가 누구였더라 하며 머리를 긁적일지도 몰라. 근데 참 이상해. 너 이름이 기억나지 않아. '준' 자로 시작되는 이름 같은데, 너의 생김도 그려지고 너의 표정도 생각나는데, 네가 입었던 옷도 기억나는데, 너의 이름은 기억나지 않아.

아마 너도 기억할 거야. 초등 4학년 때 우리 반 담임선생님은 축구부를 맡고 있는 선생님이셨다는걸. 아침 종례를 마친 선생님은 교실에 계시기보다는 운동장에 계신 적이 많았지. 우리 반은 어느 반보다 소란스러웠어. 뛰며 장난하며 놀기에는 딱 좋은 조건을 갖춘 반이었지. 장난이 심한 남학생들도 많았어. 그 중에서도 너는 장난이 심해서 여학생들이 너를 별로 좋아하지 않았어. 너는 여자애들을 울리는 선수였어. 그런 네가 내 짝꿍이 된 거야. 짝이 정해지고 네가 내 짝이라는 것을 알았을 때 나는 절로 한숨이 나왔어. 우리 반 여자애 중에서 내 키가 제일 커서 맨 뒷자리에 너랑 같이 앉게 되었어. 지금의 키가 그때부터 이정도였으니 나는 상당히 조숙한 몸을 가지고 있었지. 내 키에 비해 너는 나보다 머리 하나가 작았지. 친구들이 키다리와 장다리라고 놀리기도 했지. 수업시간 중간에 네가 나를 쳐다볼 때가 있었어. 대각선으로 나를 바라보는 눈빛에서는 웬지 모를 슬픔 같은 선량함이 느껴져 짝꿍이 되면서부터는 네가 싫지 않았어. 아니 오히려 네가 좋아지고 있었어. 신경이 쓰였어. 긴장하고 있는 내가 느껴졌어. 우리 4학년 반들은 1층이었고 우리 반은 복도 맨 끝에 있었지. 복도 중앙에 교무실이 있었고 교무실 좌우로 일반 이반 삼반 그리고 반대쪽으로 사반 오반

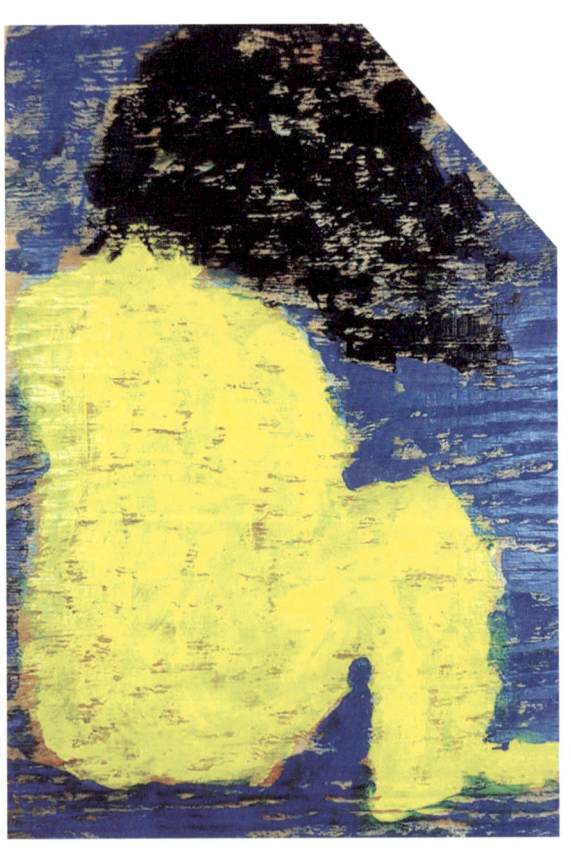

육반이 있었어. 그리고 복도 끝 출입문을 나서면 화장실이 있었지.

  사월이었을 거야. 긴 소매 티셔츠와 긴 바지로 기억되니 말이야. 우리는 자주 복도에서 달리기 시합하듯 뛰면서 놀았지. 교무실을 지나치는 순간에 잠시 몸을 조용히 하다가 교무실을 지나자마자 속도를 높여 달려가 엉덩이를 복도 바닥에 대고 미끄럼을 타듯 미끄러지며 화장실을 다녔지. 그날도 그렇게 친구랑 화장실을 다녀오는데 교실 문을 열고 들어서자 네가 절룩거리며 내 쪽으로 걸어오고 있었어. 순간 네가 다리를 다친 줄 알았어. '어떡해'라는 내 눈빛 속으로 절룩거리며 다가오더니 너는 씨익 한번 웃고는 몸을 돌려 좀 더 심하게 다리를 절룩거리며 걸어가 자리에 앉는 것이었어. 그제야 나는 사태파악이 되었어. 나는 그만 그 자리에서 얼음이 되어버렸어. 그대로 꽁꽁 얼어붙어서 한 발자국도 손가락 하나도 움직일 수가 없었어. 시간이 정지된 채 나는 움직이지 못하는데 나를 가운데에 두고 너희들은 장난하고 웃고 공부하고 하하호호 왁자지껄하며 그 속에 나를 얼음기둥으로 서 있게 했지. 너는 알기나 할까. 네가 나에게 무슨 짓을 한 건지 너는 알기나 할까.

  너는 장난이었겠지. 그냥 장난이었다고 생각할 수 있는 행동이었지만 그 행동은 내게 생각보다 큰 외상을 입혔어. 그 상처는 오래오래 내 가슴속에서 녹지 않은 채 나를 부끄럽게 만들었지. 찌르고 싶은 마음과 '왜 그렇게 멍청하게 서 있었던 거야.'라는 자책과 너에게 내 마음을 준 것이 너무 억울했어. 형체를 알 수 없는 감정이 펄펄 끓어오르다가 그 들끓음은 결국 나에게 쏟아지기 일쑤여서 나는 그날 이후로 움직이지 않기로 결정했던 거 같아. 보이지 말자, 나를 숨기자 라고. 너에게로 향했던 마음의 손가락이 나의 폐부를 깊숙이 찔러서 아프다는 말도 하지 못한 채 오래오래 그 자리에 날 서 있게 했어. 시간이 흘러가면서 나는 '그래, 너 덕분이야.' 라고 이제는 말할 수 있었으면 좋겠다 라고 생각했어. 이제 그만 네 곁에 나를 세워두지 말자, 다짐하기도 했어. 이제는 뛰고 싶으면 뛰어도 괜찮아, 나에게 말해주기도 했어.

기억하니? 신작로 가였던 우리 집. 뛰어놀기에 딱 좋아서 나는 해가 뜨면 나가서 해가 저물도록 놀았어. 일찍 장사를 마치고 돌아오신 엄마가 멀리서 뛰어오는 나를 보며 늘 하던 말은 "란아. 왼발에 힘줘야지."였어.

엄마는 무거운 물건을 들거나 가방을 멜 때에도 왼쪽으로 메게 했어. 자연스럽게 오른쪽 다리로 힘이 실리는 것을 방지하기 위해서 의식적으로, 엄마는 내게 무엇이든 왼쪽을 사용하게 했어. 엄마는 땅에 닿지 않는 내 왼발꿈치를 보며 얼마나 마음이 아팠을까. 얼마나 내 발꿈치를 땅에 힘주어 닿게 하고 싶었을까. 그런 엄마의 소망을 내가 알기까지는 시간이 필요했어. 나는 불편함을 못 느끼는데 엄마의 주문이 억울하기도 했었던 거 같아. 나는 엄마가 다른 것을 물어봐주기를 바랬어. 친구들이랑 잘 지내는 건지, 너랑 싸우지 않는지. 친구들과 무얼 하며 노는지를.

다른 친구들은 양쪽으로 메는 가방을 가지고 다녔는데, 엄마는 내게 보조가방 같은 것을 왼쪽으로 늘 메게 했어. 나도 만화 캐릭

터가 그려진 가방을 메고 싶었는데 엄마는 한쪽으로 가방을 메게 했어. 엄마의 관심은 오로지 나의 닿지 않는 왼발이었나봐.

거기를 다녀오고 나서 친구들을 찾아봤어. 너의 소식이 궁금해 서였을 거야. 지금 너를 만난다면 그 순간을 너에게 이야기할 수 있을 것 같아서였어.

중학교까지 구례에서 다녔고, 부모님은 내가 대학을 졸업하고 결혼을 하고 아이가 둘이 생기도록 구례에 살았는데도 구례라는 곳에 가면 만날 친구 하나 없다는 것이 이상하다 하셨어.

무엇이 무서웠을까. 나는 무엇이 무서워 상처를 꼭꼭 감추고 웅크린 채 그 안에서 안 움직이려 했을까. 다시 너를 만나는 것이 두려웠을까.

그날 무참히 깨졌던 그 감정을 나는 봉인한 채 살아간 거 같애. 닿을 수 없는 내 왼발의 끝에는 네가 있었어. 처음으로 좋아했던 남자친구인 너. 무심히 보았던 너의 슬프고도 착한 표정, 마음을 나누고 싶었고, 너에게 예쁘게 보이고 싶었던 열한 살의 아이. 그리고 무참히 깨져버린 그 배신감을. '미워한다'와 '미워할 수 없다'를 '내 탓이야'와 '내 탓이 아니야'를 수도 없이 반복하며 지내온 그 시간을 걸어가 이제 너를 만나고 싶어.

당신이랑 같이 같으면 좋았을까. 너에게 하지 못한 고백을 할 수 있다면 당신이랑 같이 했으면 좋았을까. 오랜 시간이 걸려서 잘 익은 마음에 담근 술 한잔 당신이랑 너도 같이 하면 또 어떨까?

골목을 돌아 돌아 손끝으로 담들을 쓰다듬으며. 해가 질 때까지.

당나귀 꽃을
아세요?

　　　　　　　열흘 간의 프라하 여행을 마치고 인천공항에 도착했다. 나는 발 디딜 틈도 없이 붐비는 사람들 속에서 짐을 찾기 위해 바삐 움직이고 있었다. 차단된 데이터가 열리자 핸드폰에 빠르게 문자들이 들어왔다. 빠르게 걸으면서 열흘 동안 만나지 못했던 이곳의 소식들을 쭉쭉 넘겼다. 그리고 마지막 문자에서 걸음을 멈추었다.

　그해 나는 대학 1학년을 마치고 휴학을 했다. 더 이상 학교에 다닐 수 없게 하는 성적이었다. 교양과목의 학점은 시들시들했고 전공과목도 기대 이하였다. 나는 첫사랑의 실연을 핑계 삼아 잠적을 결심했다. 그림자처럼 숨어 있어도 좋을 것 같았고 어쩌면 해보고 싶은 일이었는지도 모르겠다. 일년 넘게 가슴앓이를 해온 선배를 잊기 위해 휴학을 했지만 사랑이라는 것은 휴학을 한다고 해서, 그 어떤 극적인 사건을 경험한다고 해서 사라지는 것이 아니었다. 실연의 상처는 시간이 지나면 지날수록 새록새록 생각나게 하는 재주를 가지고 있었다. 휴학한 사실을 집에 숨긴 채 학비와 생활비를 받아쓰며 아슬아슬한 휴학 생활을 즐기고 있었다

  한 학기를 유령처럼 생활하니 기운은 바닥을 쳤다. 모호함의 끝을 찍었으니 무언가 다른 도전이 필요했으며, 보내준 생활비로는 턱없이 부족해 돈도 필요했다.

  그 시절 우리는 학교에 오래 머물러 있을수록 무능해 보였다. 빠르면 2학년을 마치고, 학습이 좀 더 필요하다 싶으면 3학년을 마치고 후배들과 선배들은 위장취업을 해서 현장으로 달려갔다. 그들의 위장취업에 대한 일화는 술자리 주제였으며, 학교에 남아있는 사람들에게는 각오를 다지게 했다. 나 역시 바람은 그러했지만 선배들과는 다르게 지극히 개인적이고 충동적인 이유로 취업을 단행했다.

  개강을 알리는 홍보물들 속에 학교 담벼락에 붙은 모집공고가 있었다. 사원 00명을 뽑는다는 곳은 성일전자였다. 성일전자는 학교 앞 정문을 지나 대로변에 있었다. 학교를 다니듯 그곳을 다닐 수 있을 것 같았다. 새로운 생활에 대한 기대에 설레기도 했다.

  태어나서 처음으로 이력서를 샀다. 이력서라는 것이 이렇게 생긴 것이구나 싶었다. 이력서 난에 써야 할 것이 하나도 없이 살아온 자신이 한심스러웠다. 빡센 노동으로 나를 단련시키리라. 공장

노동자로 나는 살아가리라. 각오를 다지는 일기를 쓰기도 했다. 육체노동은 나에게는 금기의 영역이었기에 그 자체로 해방구 같았다. 신선했다.

30평 규모의 공장은 영세했다. 4층 건물 2층에 공장이 있었는데 생산 라인이 두 개였다. 손바닥만 한 크기의 초록색 판에 올록볼록하게 납을 한 방울씩 짜내어 전선을 고정하는 일이었다. 사원 스무 명이 채 되지 않는 공장에 나보다 어린 친구는 하나였다. 갓 스물인 여자였다. 공장에는 두 명의 남자가 있었다. 아저씨로 보이는 한 명은 공장장이었으며, 젊은 남자는 사장 조카였다. 그리고 대다수의 사람들은 나이 든 여성들이었다. 라인을 가동할 때는 서로 침묵으로 있다가 잠깐이라도 쉬는 타임이 되면 자신의 일상사를 시시콜콜하게 이야기하는 것을 들으며 나는 아득하게 먼 곳에 온 듯 낯설었다.

공장은 자취방에서 걸어서 사십 분 정도의 거리에 있었다. 버스를 타고서 이동하기에도 번거로운 지점이어서 나는 매번 아침마다 등교하는 학생처럼 캠퍼스를 관통해서 공장에 출근을 했다. 학교를 다니는지 공장을 다니는지 나 자신도 헷갈렸다. 퇴근 후에 잔업까지 하면 밤 9시가 넘어야 일을 마칠 수 있었다. 일주일을 꼬박 잔업을 하는 것은 아니었지만 주중 하루나 이틀을 제외하고는 어김없이 잔업을 해야 해서 나는 불 꺼진 교정을 가로질러 퇴근하기가 다반사였다.

당시 나는 학교에서 문학회 활동을 했다. 대학을 문학회 활동을 하기 위해 들어온 듯 과에서 머문 시간보다 매일 동아리방에 모여 앉아 지내는 시간이 대부분이었다. 수도 없이 쏟아지는 말들과 글들 그것을 하나로 엮어내는 실천적 삶을 노래했지만, 다음날도 그 다음날도 달라지는 것은 없었다. 선배들의 이론은 짱짱했고 비장했지만, 후배들의 눈동자는 초롱초롱했지만, 그것뿐이었다. 잔업을 마치고 모임이 있는 날에는 동아리방에 들렀다. 운이 좋으면 이미 벌어진 술판 틈에 끼어서 술잔을 부딪치기도 했지만 학교와 공장은 달라도 한참 달랐다.

가을학기에는 정기 시전이 있었다. 나도 시 한편을 내야 했다.

공장에 입사하기 위해 이력서를 쓰면서 떠오른 「첫눈」이란 시를 냈다. 시는 무척 마음에 들었다. 시전은 낮 시간에 이루어지기에 나는 참여할 수는 없었다. 정기시전이 있는 그 주는 매일 매일 잔업을 해야 해서 나는 시전 뒤풀이에도 참여할 수가 없었다. 그런데 내가 쓴 시에 대해 이야기 해주는 사람이 있었다. H였다.

시전이 끝나는 날, H선배가 나를 찾아왔다. 시간은 밤 11시가 넘은 시간이었다. 방문 앞에 선 그의 품에는 사절지 크기의 거울이 들려 있었다. 그는 수줍게 웃고 있었다. 멋쩍어하며 거울을 내밀었다.

"출근한다며, 이게 필요할 것 같아서."

그가 들고 온 거울은 인문대 화장실에서 떼 온 거였다. 화장실에서 그 거울을 떼기 위해 했을 선배의 행동이 상상 되면서 피식 웃음이 나왔다. 거울의 오른쪽 상단이 조금은 금이 간 것을 맨손으로

들고 온 그를 방에 들이고 그가 들고 온 거울을 벽면에 세워두고 우리는 거울에 비친 우리의 모습을 힐금거리며 늦도록 이야기를 나누었다. 그는 말끝마다 "이 자식아"라는 말을 달았다. 그가 이 자식아, 라고 말할 때는 그의 입가에 미소가 번졌다. 그는 정기시전 작품 중에서 「첫눈」이 가장 자신의 마음에 들었다고 했다. 내가 보이지 않아서 어떻게 지내는지 궁금했다고도 했다.

그가 주고 간 거울은 요긴한 역할을 해주었다. 사실 그때까지 내 방에는 거울이 없었던 것이다.

그는 가끔 내 자취방을 찾아와도 되느냐고 물었다. 당시 내가 살

앉던 자취방은 한적한 농가주택이었다. 학교 뒷문을 나서서 보리밭길을 한참 걸어야 도착할 수 있는 거리였다. 늦은 밤엔 길이 무섭기도 했지만 희미한 가로등 불빛보다 밤하늘에 높이 떠 있는 달빛은 무서움도 잊게 할 만큼 환했다.

캐리어를 찾아 공항리무진 버스에 올랐다. 청주에 도착하면 열시가 넘을 늦은 밤이다. 그를 보내는 장소는 의료원 장례식장이었다. 내일 아침이 발인이니 도착하자마자 장례식장으로 그를 보러 가야 한다.

그날은 토요일이었다. 오전 근무를 마치고 계단을 내려서자 그가 서 있었다. 말쑥하게 양복을 차려입고 있었다. 결혼식에 가는 차림처럼 보였다. 그의 손에는 기다란 꽃이 들려져 있었다. 그가 손에 든 꽃을 건넸다. 기다란 초록색 꽃대에 아이보리 빛깔의 꽃이었다. 그가 건네는 꽃을 받으며 "웬 당나귀 꽃이에요?" 라고 나는 말했다. 왜 그렇게 말했는지 나도 모르겠다. 그가 무언가를 타고 날아왔다고 생각해서였을까. 당나귀 꽃이라고 말한 그 꽃은 나중에 알게 되었지만 '칼라' 라는 예쁜 꽃 이름이 있었다. 그는 나에게서 나오는 돌발적인 말이 좋다며 역시 너답다며 웃었다. 그나 나나 사물에 붙여진 이름을 다르게 명명하는 것을 좋아했다. 이를테면 칼라를 당나귀 꽃으로 부르는 등 우리는 아무도 모르게 우리들만의 언어를 만들고 있었다.

그는 나를 좋아한다고 말하지 않았다. 나도 그를 좋아한다고 말하지 않았다. 어쩌면 "당나귀 꽃 사줄까?" 묻던 말이 나를 좋아한다는 뜻이었는지도 모르겠다.

이후에도 그는 몇 번 당나귀 꽃을 들고 내 앞에 서 있었다.

그의 빈소는 초라했다. 십 평도 안 되는 아주 작은 방에 테이블이 6개 정도 놓여 있었다. 6개의 테이블 중 2개의 테이블에서 사람들이 술을 마시고 있었다. 대충 얼굴이 눈에 익은 사람들이다. 그의 영정사진을 올려다보니 수줍은 듯 웃고 있었다. 지난 어느 순간에 내 마음 가장 가까운 자리에 있었던 사람. 어느 때는 불쾌한 소식으로 다가와서 걱정에 앞서 미움으로 남기도 했던 사람. 한사람에게 그토록 많은 감정이 생길 수 있다는 것을 알게 해준 사람. 수만 갈래 감정의 능선을 오르락내리락 했던 나를 보면서 나는 더 이상 그가 내민 당나귀 꽃을 받지 않았었다.

낯이 익은 사람들이 모여 있는 테이블에 앉아서 선배와 관련된 우리들이 함께 한 시간들을 나누었다. 각자 선배와 얽힌 아련한 추억이 떠올라서인지 하던 이야기 멈추고 사람들은 조용히 술을 마셨다. 건배를 할 수도 없는 장례식장에서 나는 여행으로 지친 몸을 접어둔 채, 잠시 그가 내게 건넸던 칼라 꽃향기를 떠올리고 있었다.

댄싱퀸

　　　　　친구가 발레를 시작했다고 했다. 발레를 하면서 거울에 비친 자신의 몸이 너무 예뻐서 퇴근하기가 무섭게 발레학원으로 달려간다고 했다. 우리는 같은 여고를 다녔으며, 그 친구의 별명은 '올리비아 핫세'였다. 물론 이 별명은 친구 모르게 내 안에서 부른 이름이다. 그만큼 내 눈에 비친 그녀는 예뻤다.

　오십이 넘은 나이에 춤을 배우겠다고 결심한 친구가 나는 참 대단하다고 생각했다. 몸에 대한 관심을 둬야 한다는 것을 알지만, 여전히 나는 몸으로 무엇을 하는 것에는 자신이 없었기에 친구의 그 결정이 부럽기만 했다.

　나는 몸에 열등감이 많은 사람이다. 나는 왼쪽 다리가 오른쪽 다리와 다르다는 것을 인식하고부터 사춘기가 시작되었다. 굵기와 길이가 다른 왼쪽 다리는 나의 열등감을 키웠다.

엄마는 돈이 생길 때마다 내게 약사발을 내밀었다. 새벽마다 엄마의 기도 소리를 들으며 나는 일찍 깨어나야 했다. 나이 들어가면서 내 안에서 살고 있는 열등감을 확실하게 알게 되었다. 그리고 무의식에 깊게 뿌리내린 열등감을 만나는 데에 많은 에너지를 써야 했다.

친구가 춤에 대해 말하는 것을 들으면서 내 마음속에서 일어나는 것이 있었다. 그것은 '그래, 나도 춤을 추고 싶다. 리듬에 맞게 몸을 자유롭게 움직이고 싶다' 였다.

몸을 영혼의 집이라고 한다. 집이 피폐해지면 정신이 돌아올 곳이 없다고 한다. 그 정신을 실현한 물질이 없다고 한다. 몸과 정신을 분리하는 작업은 오랜 이분법적 사고에서 유래되었기에 정신의 작용을 몸의 작용보다 우위에 둔 세월도 길었다. 오히려 지금은 몸이나 외모에 너무 큰 비용과 시간을 쓰지만 말이다.

어쩌면 자신을 사랑한다는 것은 자신의 오랜 열등감과의 결별을 의미한다. 자신을 부정적으로 인식하게 한 것들로부터 자신을 긍정하며, 오히려 그 조건을 동력으로 삼아 굳건하게 자신을 직면했다는 것이기도 하다. 열등감은 마주하면 할수록 힘이 약해진다. 곧 터질 것 같은 풍선은 열등감으로 가득 찬 사람을 연상하게 한다. 터질 것 같은 열등감 풍선을 품고 살아가는 사람의 심정은 어떨까.

세상은 혼자 살아갈 수 없고 많은 관계와 상황에 놓여서 살아가기에 우리는 수시로 열등감을 느낀다. 이는 끊임없이 상대와 나를 비교하는 데에서 나오기도 하며, 불가피하게 타인의 눈으로 본, 외부의 시선으로부터 자유로울 수 없기에 일어나는 감정이기도 하다. 열등감은 감출 수만 있다면 세련되게 잘 감추고 살아가고 싶은 것이 우리의 속마음일지도 모른다.

　친구는 연말에 같이 발레를 배우는 사람들과 공연을 한다고 했다. 부끄러워하면서도 친구는 자신을 몸으로 표현하는 것이 기대된다고 했다. 자신의 몸 안에 그토록 많이 쓰지 않은 근육이 있다는 것이 놀랍다고 했다. 자신의 몸 안에 있는 근육들이 하나하나 반응을 보이며 서로 협응할 때의 경이로움에 대해 친구는 말했다. 멋졌다.

　댄싱퀸은 나에게는 선망의 대상이다. 자유롭게, 자신을 개방하듯 자연스럽게 몸을 움직여 춤을 추는 모습을 보고 있노라면 그냥 사랑하고 싶어진다. 올여름 나도 댄싱퀸에 도전해 보려 한다. 아바의 〈댄싱퀸〉이란 곡에 맞춰 몸이 원하는 대로 나를 맡기며 나를 자유롭게 놓아두는 시간을 가져보려 한다. 상상하는 것 자체가 불가능했던 그 일을 이제 시작한다.

잘 지내시는 거지요?

　　　　한동안 연락이 없었던 사람들에게서 소식이 온다. SNS의 영향인지 어떻게 전화번호를 알게 되었는지 기억 속에서 가물가물한 사람들의 목소리를 들으면서 그 반가움에 화들짝 놀라기도 하고, 어디서부터 어떻게 안부를 물어야 할지 몰라 당황스럽기도 하다.

　　올해도 이제 보름이 채 남아있지 않다. 한 해가 마무리될 즈음이면 이상하게 마음이 싱숭생숭하다. 살아왔다기보다는 살아낸 시간을 마주해서일까? 점차 소멸해간다는 느낌 때문일까? 사실 소멸해가는 것이 살아있는 생명의 본령일 텐데 소멸해가고 있다는 것을 마주하는 것은 여전히 두려운 일이다. 그래서인지 딱히 드러나는 이유 없이 찾아오는 쓸쓸함을 감출 수 없는 요즈음이다.

올 한 해, 나는 어떻게 살았는지를 생각한다. 열심히 일하고 열심히 놀고 열심히 나누고 살았는가? 새해에 나에게 다짐했던 것을 얼마만큼 실행했는가?

올초에 나는 세 가지를 계획했다. 그 중 첫 번째는 '더 많이 사랑하자'였다. 8년 전 남편과의 사별을 통해 뼈저리게 경험한 상실감으로 '절대 죽지 않는 것'에 대해 생각해보게 되었다. 고통 받고 힘들어하는 것 중에는 대상과의 분리에서 비롯되는 것이 많다. 내가 소중하게 여긴 것들과의 이별, 특히 나의 소속이라고 느끼고 나누었던 사람들이 내게서 등을 돌리거나, 갑자기 사라졌을 때 그 상실감은 이루 말로 할 수 없다. 두려운 감정으로부터 완전히 자유로울 수는 없겠지만 나는 마음의 거리 두기를 시도해 왔다. 그러다 보니 아이러니하게도 더 사랑하는 것이 그 분리의 공포로부터 자유로워진다는 것을 알게 되었다. 결코 죽지 않는 것은 사랑이라는 것을. 내가 행한 그 사랑이 추억으로 남아 빛으로 그 대상과 연결되면 그것은 영원히 살아있는 것이며, 살아갈 수 있는 작은 불씨가 된다는 것을 알게 되었다.

두 번째 시도는 '덜 먹고 더 걷자'였다. 나이가 들수록 덜 먹기는 힘들다. 미각은 이미 최고의 성숙을 자랑하고 먹을 자리도 많고, 맛있는 것들도 많은 세상이다, 만남의 자리는 식사자리이거나 음주 자리가 대부분이다. 먹은 만큼 몸을 움직여줘야 하는데 활동량은 점점 줄어들게 된다. 좀 더 편안한 것을 찾다 보니 몸의 움직임을 최소화했다. 그래서 마음을 다잡았다. 될 수 있으면 차를 운전하지 않고 걸어서 생활하는 것을 목표로 했다. 걸어서 출근, 걸어서 퇴근을 계획했고 절반의 성공을 이루었다.

  세 번째 시도는 '안 해본 것을 배우는 것'이었다. '나중에 하지'로 미루어 두었던 것, 그 중 하나를 배우는 것이었다. 새해가 오자마자 평생교육원에 배우고 싶었던 누드크로키를 수강 신청했다. 그러나 한 학기도 채 하지 못하고 도중에 하차해야 했다. 일정에 밀리기도 했고, 저녁 시간이라 체력에 밀려 도중에 접어야 했다. 새해에는 다시 시도해 볼 생각이다.

  이제, 한 해 동안 고생한 자신에게 선물을 주려 한다, 그리고 곁들여 편지를 쓰려 한다. 내가 소망한 것들과 나는 어떤 방식으로 만났는지, 한 해 동안 나는 누구를 얼마만큼 생각하고 사랑했는지, 내가 주었던 마음만큼 더 받을 수 없어서 속상하지는 않았는지, 계획했던 일들이 잘 안 되어 실망하고 좌절한 것에 대해 진심으로 위로를 했는지, 그리고 새롭게 나의 일상에 등장한 사람들을 보려 한다. 고맙고 그리운 사람들과 차 한 잔을 나누려 한다. 정성스러운 자리를 준비하여 초대하는 일은 언제나 기분 좋은 일이다.

안토니오에게
이메일 주소를 묻다

아직 세비야(Sevilla)에 살고 있을까? 버스를 타고 가는 동안 나는 꿈을 꾸었다. 그가 환하게 웃으며 우리를 마중 나온 꿈이었다. 그는 수줍은 듯 웃으며 나를 반겼다. 꿈은 어찌나 생생하던지 현실처럼 전해져 흘린 침을 닦는 것도 잊게 했다.

밤 9시, 우리는 세비야 복합터미널에 도착했다. 리스본에서 출발한 고속버스는 7시간을 작렬하는 태양 아래를 달리고 달렸다. 버스에서 나는 줄곧 잠을 잤다. 리스본에서 이틀 밤을 보냈지만 몸은 아직 시차적응 중이었다. 무언가가 눈에 들어간 것처럼 따끔거려서 책을 보는 일도 쉽지 않았다. 차창 안으로 쏟아져 들어오는 햇빛을 커튼으로 가렸지만 태양은 여전히 강렬했고 뜨거웠다. 데인 것처럼 그 뜨거움이 절정에 달했을 때 버스기사는 휴게소 30분

정차를 알렸다. 백발에 풍채 좋고 마음자리 넉넉해 보이는 버스기사는 30분이라고 쓴 종이를 들어 보이며 버스 통로를 왔다 갔다 했다.

화장실이 급해 몸을 일으켜 세웠으나 몸이 휘청거린다. 생각과는 다르게 발은 헛발을 딛듯 자꾸만 붕붕거렸다. 은하가 나를 잡아주었다. 그녀의 부축을 받으며 버스에서 내렸다. 내리쬐는 태양이 온몸을 뚫고 들어왔다. 침을 맞은 듯 햇볕이 닿은 몸은 쉴 새 없이 따끔거렸다. 빨갛게 달군 바늘에 닿듯 온몸이 따가웠다.

주문하기 위해 긴 줄 끝에 선 선경이는 우리에게 자리에 가서 앉아 있으라고 한다. 에스프레소 한 잔과 맥주 한 잔을 받아 들고 선경이가 창가로 걸어온다. 휴게소 안은 분주했다. 오고 가는 사람들, 자리에 앉아서 음식을 먹으며 이야기를 나누는 사람들의 표정은 소박했다. 일상의 한 귀퉁이를 돌아서 친척이 있는 세비야로 일을 보러 가는 듯 그들의 표정은 평온해 보였다. 간혹 아이들이 보채는 소리에 어른들은 잠시 아이들과 눈을 맞추기도 했으나 그것도 잠깐이었다. 멀리서 누군가를 부르는 소리가 들려왔다. 동시에 버스 경적 소리도 들려왔다. 우리는 자리에서 일어났다.

세비야 터미널은 어두웠다. 캄캄한 어둠 속에서 캐리어를 끌고 가는 여행자들이 눈에 띄었다. 조용한 움직임과는 다르게 여행용 가방의 바퀴소리는 요란했다.

캐리어 하나에 등에 배낭을 메고 가슴에는 보조가방을 엑스자로 메고서 돌길을 걸었다.

'또르륵, 또르륵, 끼~익' 바퀴가 회전을 할 때마다 규칙적으로 같은 소리가 났다. 그녀들의 캐리어에서도 소리가 나기는 매한가지였다. 소리가 날 때마다 우리는 잠시 서로를 바라보며 웃었다. 한번 웃음이 일자 피곤함이 조금은 사라지는 듯했다. 이상한 일이다. 따뜻한 눈빛 하나에도 몸은 이렇게 쉽게 반응을 하니 말이다.
 택시를 타고서 주소지의 이름을 말하자 택시기사는 길이 좁아서 예약한 숙소까지는 택시가 들어갈 수 없다고 했다. '노 택시'라는 말에서 그의 긴 말이 이해가 되었다. 택시 안에서 바라본 세비야는 거대했다. 왕국 같은 느낌이었다.
 안토니오가 살고 있을지도 모르는 세비야. 그는 여기에 있을까? 그를 다시 볼 수 있을까? 나는 버스에서 꾼 꿈을 떠올렸다. 그 수줍은 미소를 그 웃음을 다시 볼 수 있을까? 그를 세비야에 머문 4박 5일 동안 마주친다면 그것은 운명이라고, 그 운명을 어찌하지 못하고 그대로 온전히 받아들일 거라고 정말 그런 일이 일어난다면……. 상상에 들떠있는데 '영화 그만 보십시오.'라고 누군가의 음성이 들리는 듯했다. '그래, 서울에서 김 서방 찾는 거나 마찬가지인 거지. 그렇지. 그래도.'
 택시는 좁은 골목길을 빠지는 동그란 중앙 통로에 멈췄다. 더는 들어갈 수 없음을 안타까워하는 택시기사는 미안한 듯 트렁크에서 캐리어를 꺼내 손잡이를 뽑아서 올려주며 들기 편하게 내 앞쪽으로 밀어주었다. 기사님의 미안함이 전해졌다. "That's ok, Thank you!" 그와 악수를 했다.

골목은 두 사람이 같이 걷기에 어깨가 닿을 만큼 좁았다. 절벽 사이를 걷는 느낌이랄까, 은밀한 비밀 통로 같았다. 나중에 알게 되었지만 그 유명한 키스 골목이었다. 골목을 헤매며 우리가 묵을 숙소인 블랑카의 집을 찾기 시작했다. 좁다란 골목 끝에 동그란 공간이 회전문처럼 나오고 그곳에는 어김없이 카페가 있었다. 두 번이나 카페 주인에게 주소를 물어서 드디어 블랑카의 초록색 집 대문 앞에 도착했다. 아직 안심하기는 이르다. 초인종을 누른다. 잠잠하다. 초인종을 다시 누른다. 카페에서 맥주를 마시는 떠들썩한 사람들의 웃음소리에 섞여서 벨소리가 들리지 않는다. 사람이 살고 있다는 소리 웃고 마시고 있는 풍경이 나를 안심시킨다. 골목길을 걸어오며 눈이 마주치거나 몸을 비킬 때 'Hola(올라)' 낮은 목소리의 인사를 건넨다.

초인종 버튼에서 블랑카의 목소리가 들린다. 동시에 대문이 열린다. 아뿔사, 계단이다. 20킬로가 넘는 무거운 캐리어를 들고서 계단을 올라가야 한다. 죽음이다. 선경이가 재빠르게 내려와 내 캐리어를 들어준다. 죽음이 삶이 되는 순간이다.

문을 열고 들어가니 긴 거실에 검은색 소파가 놓여 있다. 소파 옆으로 주방으로 들어가는 입구에 나무 식탁이 놓여 있다. 식탁 위에는 알전구 스탠드가 놓여 있다. 이곳에서 묵은 사람들의 후기가 적힌 스케치북도 있다. 식탁을 지나면 주방이다. 전선이 세 개 달린 인덕션이 설치되어 있고, 정확하게 반반으로 구성된 냉장고가 있는 주방은 아담하고 깔끔하다. 싱크대 앞으로 난 창으로 맞은편 아파트 발코니를 볼 수 있다. 창은 주방에 하나, 그리고 안방 발코니에 딸린 창이 있다. 창마다 하얀색 커튼이 매달려 있어서 시원한 느낌을 준다. 곳곳은 깜찍한 소품들로 장식되어 있어 아기자기했다. 특히 발코니로 보이는 공간이 아주 마음에 들었다. 한 발을 뻗으면 골목 맞은편 발코니로 건너갈 수 있을 만큼 가까웠다. 발코니에 서서 담배를 한대 피고 싶었다. 블랑카는 집 사용에 관한 설명을 했다. 중간 중간에 농담으로 보이는 단어들이 들렸으나 그녀의 말을 확실하게 알아듣기는 어려웠다. 그녀의 친절한 미소가 '괜찮아'라고 말하고 있었으며, 충분히 이 공간을 즐겼으면 좋겠다는 의미가 전해졌다. 우리는 그녀와 가볍게 포옹을 하고 활짝 웃으며 '안녕' 인사했다. 그녀가 이층 계단 아래로 사라지자 우리는 동시에 손뼉을 치며 환호했다.

나흘 동안 이 공간의 주인은 우리이다.

한 단계 업그레이드 된 우리의 여행. 우리들만의 독립된 공간을 얻은 여행은 이번이 처음이다. 세비야이기에 시도해 보는 일이기도 하다.

우리는 근처 카페에 가서 비어를 한 잔씩 하기로 했다.

다시 조마조마하다. 무언가 좋은 일이 일어날 것만 같은 이 기분. 세비야의 거리를 나서면 안토니오의 환한 웃음이 내게로 날아올 것 같다.

안토니오를 찾아내는 것은 어려운 일임을 안다. 안토니오를 센 강 주변의 카페에서 만났다. 그는 세비아대에서 비지니스 철학을 전공한다고 했다. 방학 동안에는 파리에 와서 아르바이트를 한다고 했다. 선선한 느낌의 그 미소는 우리를 다시 그 장소로 걷게 했다. 이틀만에 나타난 우리를 그는 기억했다. 그리고 잠깐씩 우리 자리에 와서 수줍은 듯 웃기도 하며 우리가 필요한 무엇이 있는지 살피기도 했다. 멋진 청년이었다. 몇시에 끝나는지를 물었고 센강에서 유람선을 같이 탈 수 있는지도 물었다. 용기는 나의 전공이다. 숙소로 돌아온 나는 그에게 메일을 보냈다. 내일은 여행을 마치는 날이고 혹시 시간이 되면 같이 식사를 할 수 있는지를 물었다. 메일을 보내고 아침부터 설레기 시작한 심장은 종일 네이버 언저리를 머물며 그의 회신을 기다렸다. 그의 회신은 금요일 밤에야 도착했다. 초대는 고맙지만 세비야에서 가족들이 온다는 내용이었다.

 그에게 이메일 주소를 묻고 그 주소로 같이 찍은 사진을 보냈었다.

 실로 오랜만에 토닥토닥 떨어지는 빗방울처럼 내 심장에 떨어지는 그 떨림을 기억하게 해준 안토니오. 그는 지금 세비야에 살고 있는 걸까? 살고 있을까?

용기(勇氣)로
부터

불행한 사람을 보는 일은 힘들다. 꽤 오랜 시간 동안 불행을 견뎌온 사람들의 이야기를 듣고 있노라면 그토록 긴 시간을 어떻게 견디며 살아냈는지, 감탄이 터져 나온다. 동시에 깊은 한숨이 소리 없이 새어 나오기도 한다.

데이비드 호킨스(David R. Hawkins) 박사는 『의식 혁명』이란 책에서 사람의 에너지 수준을 20점에서 1000점까지 의식의 단계를 수치화해서 설명하고 있다. 가장 낮은 단계에 놓인 20점은 수치심이다. 수치심은 죽음에 가장 가까운 에너지다. 이 수준에서는 피할 수도 있는 사고를 부르며 비참한 형태로의 죽음을 받아들인다.

어린 시절, 폭력의 경험은 자신의 존재를 수치심으로 채우며, 평생을 뒤틀린 성격으로 살아가게 한다. 불행한 사람들의 공통점 중의 하나는 사랑받아야 할 대상, 보호받아야 할 대상 곧 친밀한 관계에서 일상적으로 폭력을 경험했다는 것이다. 이들은 안전감을 느낄 수 없는 불안한 애착 관계가 형성되어 있는 것이다. 이러한 애착 관계에 놓인 아이들은 위축된 채 두려움의 그늘에 숨어 세상과 타인을 믿지 못하며 하루하루를 살아가기 쉽다. 더 심각하게는 자신을 제거하는 방식으로 자기 존재를 왜곡하는 방식으로 살아가기 쉽다.

주로, 수치심은 학대의 도구로 이용된다. 옷을 벗긴 채 집 밖에 세워두거나, 뺨을 때리거나, '너 같은 것은 낳지 말았어야 했는데'라는 등등, 또 버릇을 고친다는 이유로 예절을 가르친다는 이유로 수치심을 자극하는 방식으로 사용되기도 한다. 이러한 폭력의 경험은 자신의 의지와는 상관없이 수치심을 내면화 한다. 이들은 동물이나 힘이 없는 상대를 잔인하리만치 학대하는데 근저에는 이 수치심이 자리하고 있다.

수치심은 많은 경우 완벽주의로 발현되기도 하며, 강박적이고 편협한 사고방식으로 발현되기도 한다. 이들에게서는 유연성이란 찾아보기 어렵다. 또 일부는 도덕적 극단주의자가 되기도 한다. 이들은 자신의 무의식적 수치심을 타인에게 투사한다. 자신의 수치심을 상대에게 전가한 다음, 상대를 공격하는데 스스로 정당성을 부여하며 당연시한다. 자기 존재에 대한 처벌은 곧 대상에 대한 처벌로 대신하는 것이다. 이 최악의 감정은 우울증과 자살, 잔혹 범죄를 부른다. 우울증이 자신을 서서히 공격하는 병이라면 범죄는 타인을 공격하는 행위이다.

수치심이 인간이 가지는 감정 중 최악의 감정이라면, 에너지 수준 200은 용기이다. 이 수준에서 처음으로 힘이 생겨난다고 한다. 탐험, 성취, 도전, 결단의 지점이며, 생명에 대한 긍정적 영향력과 부정적 영향력을 구별할 수 지점이기도 하다. 용기가 발현되는 에너지 이하 수준에서의 세상은 희망 없는 슬픔으로, 두려움과 좌절을 주는 장소로 보이지만, 용기의 수준에서 삶은 흥분되리만치 도전하고픈 것들이 하나둘씩 인식되는 지점이다. 용기(勇氣)는 성장에 대한 욕구를 부르며, 자신에게 교육의 기회를 주고자 하며, 달성 가능한 목표에 도전하게 한다. 도전은 자신만의 성취감을 주며 자신과 타인에게 긍정적인 피드백을 서로 순환하기에 자기보상이 이루어진다. 또한 자존감이 강화된다. 용기는 살아있음과 가슴 뛰는 설렘이 시작되는 에너지로 우리를 이끈다.

용기는 또한 운명을 바꾼다. 운명을 바꾼 사람은 멈추지 않는다. 다음의 에너지로 저 위를 향해 나아간다. 머리가 하늘까지 닿는 것이 아니라 자기 안에서 불어오는 바람을 온화한 에너지로 만들어 주변을 따뜻하게 한다. 그 온기는 생명을 키워내며 부정적인 것들과 싸울 수 있는 힘을 준다. 이 좋은 용기 에너지는 어디까지 우리를 다다르게 할 수 있을까. 사랑보다 먼 역인 평화로운 세계, 언어만이 아닌 몸짓 하나로 서로의 에너지가 상호 교환되는 그런 세계로 우리를 안내하지 않을까.

까를교에서
소원을 빌다

　H의 집과 우리 집 사이에는 다리가 있다. 다리까지는 H의 걸음으로 십 분, 내 걸음으로 오 분. 우리는 자주 다리에서 만났다. 만나서 우리는 술을 마실 장소로 이동해 가거나 누군가를 만나러 가기도 했다. 가끔은 도서관에서 빌린 책을 건네받기도 하였다. 시간이 맞거나 서로의 기분이 괜찮으면 다리 끝을 돌아 편의점에서 캔맥주 하나씩을 홀짝거리며 이야기를 나누기도 했다.

　― 눈부신 햇살이 비춰주어도 그게 무슨 소용 있겠어요.

　새하얀 침대 시트 안으로 노래가 흘러 들어왔다. 나는 잠속을 헤

매고 있었다. 선경의 뒤척거림을 알았는지 은하가 핸드폰으로 노래를 틀어놓은 것이다. 은하는 새벽형 인간이었다. 여행을 다니게 되면서 은하에게는 별명이 하나씩 추가되었다. 허당 은하, 강박 은하에서 이번에 추가된 것은 알람 은하였다. 은하는 밤 10시만 지나면 눈을 껌벅이다가 결국 잠자리에 들었다. 일찍 잠에서 깬 은하는 우리 몰래 주섬주섬 무언가를 챙겨 호텔 로비로 내려갔다가 우리가 잠에서 깨어나야 할 시간이 되면 조용히 방으로 들어와 노래를 틀었다. 알람처럼 새벽 어느 시간에 꼭 일어나는 은하를 우리는 알람 은하라고 불렀다. 사실 은하의 이러한 생활 스타일도 이번 프라하 여행에서 알게 된 것이다.

　우리는 서로를 얼마나 알고 있는 걸까? 내가 알고 있는 그녀들은 열일곱 살에 내가 알았던 그녀들과 얼마만큼 거리가 생긴 걸까? '우리는 무조건 친해'라고 규정해버린 다음 각자 다른 생활의 시공간 속에서 살아왔음에도 불구하고 서로를 볼 수 있는 문을 닫아버렸다. 그 문 안에서 각자 살아왔던 일상사에 대해서는 전혀 관심을 두지 않은 것인지도 모른다. 우리가 유독 환호하며 두르는 스카프처럼 우리 사이를 두르고 있는 우정은 참으로 비일상적이고 한정적이었다는 것을 여행을 다니기 시작하면서 알게 되었다.

　까를교는 인산인해였다. 아침에서 점심까지 해가 진 저녁까지도 사람들로 넘쳐났다. 10월인데도 바람은 겨울바람처럼 매서웠다. 차디찬 다리 바닥에 아이를 품에 안고 머리를 바닥에 대고 두 손을 공손하게 모아 하늘을 향해 내민 걸인의 손 안에는 유로 동전 몇

개가 놓여 있다. 석상 하나를 지나면 다시 나타나는 걸인들을 보며 나는 마음이 불편했다. 액세서리를 파는 자판상인도 걸인처럼 보여 물건을 고를 마음도 사라졌다. 나의 에너지를 느꼈는지 선경이가 블랙 레드 빛깔의 귀걸이를 내게 권한다. 내 손을 잡아끌며 어서 해보란다. 나에게 잘 어울릴 거라고 한다. 액세서리 자판 옆에서 초상화를 그려주는 거리의 화가가 귀걸이를 하는 나를 보고 엄지손가락을 들어 보이며 웃는다. 나도 그를 향해 미소를 짓는다. 에너지가 순환되는 것이 느껴진다. 때마침 다리 위로 드보르작의 〈유모레스크〉를 연주하는 바이올린 곡이 울려 퍼졌다.

까를교는 우리 삶의 축소판 같았다. 희로애락이 어우러져 조화로움을 이루어가는 것 같았다.

까를교에서 보는 저녁 야경은 세계적으로 유명하다. 우리는 그 유명한 야경 끝에 우리 자신을 줄 세우고 싶지 않아 야경 보는 것을 패스했다. 대신 우리는 새벽에 까를교에 오기로 했다. 사람들이 없는 시간을 찾아서 우리만의 포토존을 위하여, 우리끼리 까를교를 걷기 위하여. 사실 우리만의 것이라는 특별한 것이 있는 것은 아니지만, 그것은 보이지 않은 거부, 우리의 방식을 주장하고픈 이렇게 살아야 더 재미있는 거 아니야 라고 생각했던 우리의 열일곱을 기억하는 방식이기도 하다.

- 남들이 하는 것은 하지 않는다.
- 평범한 것은 가라.

- 남들과 다르면 된다.

　이러한 원칙을 우리는 서로 지켰는지도 모른다. 많은 사람들이 다 가는 곳에 같은 형태로 우리를 복제하듯 배경 처리하듯 서 있게 하지는 않았다. 애써 촌스러움을 추구하는 것은 아니지만 우리는 우리만의 스타일을 만드는 것을 좋아했고 우리만의 스타일은 촌스럽다고 하기에는 모던하고 또 모던하다고 하기에는 어설픈 그 중간쯤 어디에 있었다.
　결국, 우리는 우리만의 스타일을 찾았다. 하얀색 남자 고무신은 우리를 표현해 주는 스타일이었다. 우리가 고등학교에 다녔던 당시에는 나이키, 프로스펙스, 아식스 등 메이커 신발을 신는 것이 하나의 트랜드로 통했다. 메이커에 환호하는 아이들에게 보여주기 위해 고무신을 신기로 했다. 지금 생각하면 그 생각과 실행에 자부심을 느끼기도 하지만 당시에 나는 나이키 신발을 신은 내 발이 고무신을 신은 내 발보다 더 예뻐서 나이키를 신고 싶었다. 그 마음을 숨긴 채 의리를 지키는 일이 우정을 키우는 것으로 생각했다. 내게는 우정만큼 가치 있는 일은 없기도 했고, 나를 세상에 대놓고 표현할 수 있는 집단이 필요했다.

고무신을 신고서 학교를 등교할 수는 없었기에 우리는 토요일 오후나 일요일에 고무신을 신고 만났다. 하얀색 고무신을 신고 무작정 시외버스에 오르기도 했고 기차를 타고서 먼 곳을 가보기도 했다. 하지만 기껏 가는 곳은 한두 시간 이내 거리의 사찰 정도였다.

까를교 밑으로 흐르는 강은 볼타강이다. 강폭은 넓었다. 까를교 위에는 30개의 석상이 있다. 그 석상 중에서도 얀 네포무크 석상은 소원을 빌면 들어준다는 석상이다. 이 석상의 주인인 얀 네포무크는 바츨라프 4세 때 궁중 주교였다. 왕이 전쟁에 나간 사이 외도를 한 왕비가 네포무크 신부에게 고해성사를 했다. 이를 알게 된 왕은 네포무크에게 왕비의 고해성사 내용을 물었다. 그러나 네포무크는 왕에게 침묵했다. 아무리 고문을 해도 입을 열지 않는 것에 분노한 왕은 네포무크를 볼타강에 던져버렸다. 얀은 다리 아래로 떨어지면서 '이 다리에 선 모든 사람의 소원을 들어 달라'라는 유언을 남겼다.

프라하 성으로 향하는 다리의 끝에 서서 강물에 비친 아침 햇살을 보았다. 강물은 미동도 없이 흘렀고 햇살은 강물은 비추며 강물 위에서 자신을 잘게 잘게 조각내고 있었다.

- 눈부신 햇살이 비춰준대도 그게 무슨 소용 있겠어요.
이토록 아름다운 당신만이 나에게 빛이 되는 것,
그대여 안녕이란 말은 말아요.
사랑의 눈빛만을 주세요.

프라하 여행 내내 그는 내 머릿속에 있었다. H와 까를교를 같이 걸었다. 음식도 같이 주문했으며 맥주도 같이 마셨다.
여행을 오기 전날 밤에도 우리는 많은 사람 틈에 있었다.
사람들과 헤어진 시간은 열두 시가 넘은 늦은 밤이었다. 나는 취하지 않았고 H는 취했다. 그의 집까지 데려다주어야 했다.
"오래오래 서로의 곁에서 늙어갔으면 좋겠어요."
H는 취해 있었기에 나는 속을 비우듯 오래 쌓아 둔 말을 뱉었다. 차 문을 열고 나가려는 H의 동작이 일순 멈추었다. 차 안에 쌓인 공기가 멈추라고 소리친 듯 그리고 약간의 정적이 흘렀다. H가 승용차 앞 유리에 눈을 고정한 채 또렷하게 한 음절 한 음절 천천히 말을 했다.
"생각해 봅시다. 무조건 잘 다녀오기."
H는 몸을 돌려 내 볼에 손가락을 대고 눈을 마주치더니 차에서 내렸다. 중요한 무엇이 형체도 없이 사그라진 듯했다. 그 허전함을

무찌르듯 습관적으로 차를 몰았다. 2차선에서 1차선으로 차선을 바꾸면서 중앙 백미러를 보았다. 백미러에는 낯선 한 남자가 서 있었다. 그 남자는 내 차를 바라보고 있었다. 가로등처럼. 도로 한 귀퉁이에서 양손을 바바리에 꽂은 채 뚫어져라 바라보고 있는 것이 아닌가. 아찔했다. 자동차는 미끄러지듯 1차선 위를 앞서 달렸다. 다리가 보이자 이제 남자는 보이지 않았다.

백미러로 보인 흐릿한 그의 모습. 가로등처럼 서 있던 그가 까를교에도 여전히 서서 나를 뚫어지게 바라보는 것 같았다. 사랑 없이 어떻게 살지. 누군가에게 마음을 빼앗기지 않고 어떻게 살아가지. 내 안에서 차갑게 흐르는 두려움을 나는 이 강에 띄우고 이곳을 떠날 수 있을까? 돌아갈 때까지는 이제 다섯 밤이 남아 있었다.

찰나로 이 순간을 살고 싶었다. 생의 한가운데서 가운데 토막으로 살고 싶었다. 내가 주인공이듯 그가 주인공이기도 하며 다른 사람들이 각자의 주인공이듯 우리가 하나의 사건에서 같은 편으로 서든 아니든 우리는 늘 생의 한가운데에 있는 것이다. 살아있는 한, 숨을 쉬고 있는 한. 만나는 그 순간만큼은 같은 편으로 살고 싶은 한 사람을 만난 것이다. 열일곱에 같은 편이라고 생각하고 그 시간 이후 수도 없이 우리를 주장하며 서로의 특징을 우리라는 우정의 끈으로 묶었듯이. 그 시절에는 우정이 그 무엇보다도 중요했듯이 지금은 사랑하며 살 수 없다면 무엇이 의미있지 라고 생각했지만, 정작 그가 내 앞에 나타났을 때 그를 향해 일어나는 혼란스러움은 좀처럼 숨겨지지 않았다. 내 안에서 그토록 수많은 이율배

반적인 것들이 서로 엉켜서 한 몸을 이루고 있다는 것을 알았다.

  프라하 여행을 오기 전에 나는 숨고 싶었고 물리적 거리를 두고 싶었다. 딱 그 마음이었다. 고2 때 지금의 친구들을 만났을 때 느낌. 색다른 우정을 경험하게 해준 그 떨림은 미세했지만, 너무도 강렬하게 나를 사로잡았다. 얼마나 강력했는지 잘 달구어진 망치로 두려움으로 가득한 단단한 심장을 지속적으로 두들기는 것 같았다. 다른 사람들이 이 소리를 들을 것만 같아서 부끄러웠다. 내 속에 숨어있었던 부끄러움이란 부끄러움이 내 몸 끝으로 도망치는 것 같았다.

  - 은은한 달빛이 비춰준대도 그게 무슨 소용 있겠어요.

  향긋한 사랑의 향기로 노래할 수 있는 삶, 함께 걸을 수 있는 삶. 그와 그럴 수 있을까? 돌아가서도 나는 그와 함께 걸을 수 있을까? 언젠가는 까를교 위에서 볼타강을 바라보며 캔맥주 하나를 나눠 마실 수 있을까?

그곳으로
소풍 가자

고통의 극점에 서 있을 때 사람들은 상담실을 노크한다. 자신의 의지로 상담실을 찾아오는 사람은 그래도 힘이 있는 사람이다. 자신을 둘러싼 고통을 해결해보고자 마음을 내고 용기를 낸 사람들이기 때문이다. 그들은 이미 골고루 담은 도시락을 싸들고서 내면의 고향으로 소풍을 온 것이기에 사실 나는 싸온 도시락을 같이 먹기만 하면 된다.

당신이 싸온 도시락을 좀 더 편안하게 먹을 수 있는 장소를 탐색하는 것은 나의 일이기도 하다. 도시락을 앞에 두고서 눈이 빨개지도록 눈물을 뚝뚝 흘리는 사람들은 이미 자신이 변화해야 함을 알고 있다. 자신의 문제나 상대의 문제의 경중을 따지며 때로는 상대가 더 문제임을 자신의 억울함을 토로하며 신음하는 분들도 있다.

우리는 각자의 문제 속에서 살아간다. 아무런 문제가 없다면 그건 살아있는 것이 아닐 것이다. 그 문제를 풀어내기 위해 우리는 이 시간을 지탱하고 있는지도 모른다. 결론부터 말하자면 문제라고 생각하는 그 속에 매력도 들어있다는 것이다. 고통이라고 생각한 그 솥에 자신의 심리적 허기를 채워주는 영양가 있는 음식이 들어있다는 것이다. 지금, 당신을 고통스럽게 만드는 그 문제가 사실은 새로운 세계로 나가는 통로가 된다는 것이다.

사람들은 누구나 자신의 삶에서 최선을 다한다, 자신의 삶을 위해서 자신이 할 수 있는 일을 다하고 있다. 다만 그것이 나의 기준에 미치지 못하는 답이라고 생각하기에 상대의 노력이 보이지 않는다. 자신이 쓴 답지를 보느라 상대의 답을 읽을 겨를이 없다.

상담실을 찾는 사람들은 자신이 이만큼 노력했음에도 불구하고 상대방은 '나'와 달리 노력하지 않는다는 호소를 한다. 심지어는 '나'와는 정반대의 지점에 있다고 한탄한다. 이러한 호소를 듣고 있노라면 '당신의 말을 천천히 충분히 들어주는 사람이 없었겠군요.' 라는 말이 저절로 흘러나온다. 그토록 자신의 삶을 온몸으로 살아낸 사람들을 보고 있자면 괜스레 눈물이 고인다.

좋다. 열심히 온몸으로 살아온 개인의 역사에는 그게 어떠한 빛깔을 가지든 빛나는 것이기에 나는 박수를 칠 준비가 되어 있다. 그러나 자신이 변화하지 않고 상대에게 변화를 요구하는 것은 공정한 게임이 아니다. 또한 내가 이만큼 바뀌었으니 당신도 이만큼 바뀌어야 한다는 생각은 거래이지 사랑하는 사람을 대하는 자세가 아니다.

우리는 의식적이든 무의식적이든 변화를 두려워한다. 죽음 앞에 서거나 더 이상 감당할 수 없는 일들에 휘말릴 때 비로소 우리는 우리가 살아온 삶을 뒤돌아보기 시작한다. 뒤돌아보게 되는 그 지점에서 문제를 해결해보려 하지만 이미 익숙해진 몸은 저항을 시작한다. 핑계를 찾는다. 의식적인 차원에서 변화를 꾀하려면 무의식의 협조가 필요하다. 무의식은 가장 안전하다고 생각하는 곳에서만 자신을 변형시킨다. 무의식이 움직이기 시작하면 다른 답을 생각해볼 수 있다. 이러한 여유를 가지게 될 때 우리의 숨은 비로소 편안해진다.

우리들은 '이게 문제야' 라고 자신을 향해 끊임없이 평가하고 비난하는 자기 내부의 눈을 가지고 있다. 자신에 대한 비난을 멈출 때 어제와는 분명히 다른 세상을 경험하게 될 것이다. '그래 그게 나야, 그래 그럴 만하지.' 라고 말할 수 있다면 그게 무엇이든지 어떠한 일이든지 기꺼이 그 상황에 자신을 놓아두는 경험이 따른다. 그렇게만 할 수 있다면 매순간이 소풍이지 않겠는가. 바람을 느끼며 도시락을 맛있게 소중한 사람과 나눠 먹지 않겠는가.

연애의
길목

나는 연애에는 자신이 없다. 연애하기 딱 좋을 이십대, 그 좋은 시기를 놓쳤다고 스스로 생각했다. 그 시기를 놓치고 나니, 연애라는 것은 밀당을 잘하는 이기적인 사람들의 줄다리기쯤으로 여겨졌다. 가끔 잘해보고 싶은 상대가 나타나고 그와의 관계를 진전시키고 싶었을 때, 그 결정적 순간에 더더욱 얼어버리는 '나'를 발견하는 일은 유쾌하지 않았다. 이런 내 생각과 행동과는 다르게 정작 연애를 하고픈 대상이 나타나면 나는 그 상대를 두고 얼마나 많은 헌신의 그림을 그렸는지 모른다. 상대에게 약간의 감정이 생기면, 나는 오만가지의 생각들로 상상의 놀이터를 건설하기 바빴으며, '지성이면 감천이지'라는 정성 모드로 어떻게든 나를 전환하기 바빴다.

나는 사랑과 일에서 사랑이라는 한 축을 일으켜 세우기 위해 무던히도 애쓰며 살았는지 모른다. 다정한 눈빛을 나눌 수 있는 파트너, 무너진 한 축을 만드는 일은 사랑에 대한 나의 열등감 극복 프로젝트였는지도 모른다.

시인 바이런은 '연애란 남자의 생활에서는 일시적인 관계에 지나지 않지만, 여자에게는 인생 그 자체이다.' 라고 말했다. 억울했지만 연애에 대한 남녀 차이는 이렇게 다르다는 것을 알게 되었다. 사랑(좁게는 연애)은 누군가의 일시적인 희생으로, 더 애정을 원하는 사람의 끝없는 헌신으로 유지될 뿐이지 완성되는 것은 아니라는 것도 알게 되었다. 진실을 알고 나서 내게 돌아온 감정은, 차라리 두 눈 감고 두 귀 닫고, 안 보고 안 들었으면 더 편했을 텐데……

세비야 여행을 앞두고 나는 어떤 책을 챙겨갈까 고민이 되었다. 단촐하게 여행 짐을 싸야 한다는 생각과는 달리 내 짐가방은 정리정돈의 귀재인 선경과도, 최소한의 필요 품목으로 가방을 싼 은하의 짐과도 다르다. 최소와는 정반대의 극에 가 있는 나의 짐 싸기는 중구난방에 가깝다. 나는 무언가를 하고 싶은 마음이 생기면 장비부터 갖춘다. 장비가 갖추어지지 않으면 할 마음이 생기질 않는다. 여행을 가서도 가장 많은 물건을 사는 것도 나였다. 이런 나를 친구들은 환호한다.

장비를 챙겨야 했기에 나는 인터넷 서점을 돌아다니며 여행하며 읽기에 좋은 책을 골랐다. 눈에 들어온 소설은 로베르트 무질의 『사랑의 완성』이었다. 소설의 표지는 아주 마음에 들었다. 그로테

스크한 느낌의 남자가 눈을 감고서 빨간색 바탕에 사랑의 완성이라는 책을 들고 있는 표지 그림은 내 마음을 붙잡았다. 사실 로베르트 무질이란 작가는 일면식이 있는 작가이다. 작년에 나는 그의 단편 소설인 「세 여인」을 읽었다. 『사랑의 완성』은 무질의 중단편 소설을 모은 소설집이다.

여행에서 소설책은 나에게는 붕어빵의 팥만큼이나 중요하다. 챙겨간 두세 권의 책을 다 읽고 오느냐, 물론 그렇지 않다. 읽지 못하고 오는 경우가 대부분이지만, 여행을 앞두고서 여행할 나라의 작가가 쓴 혹은 그곳이 배경이 된 소설책을 읽는 습관은 여행을 한결 기대하게 한다. 책을 읽을 때는 그 장소를 상상하며, 여행지에 가서는 작가의 흔적을 따라가며, 좀 더 가깝게 작가를 느낄 수 있다는 기대감에 설레기도 한다.

이번 스페인 여행을 준비하면서 나는 『돈키호테』를 읽었다. 6개월에 걸쳐 장장 1600쪽을 숨차게 읽었다. 이렇게 긴 호흡으로 세

르반테스를 만나는 것은 즐거움을 넘어 경이로움에 가까웠다. 일주일에 한 번씩 50페이지씩 강독하며 돈키호테 속의 수많은 인물을 만났다. 돈키호테에서 나오는 여주인공을 만나는 것도 즐거웠다. 세르반테스에게 이런 진보적인 여성관이 있었다니, 놀랍기도 반갑기도 했다. 프라하 여행 중에는 밀란 쿤데라의 『참을 수 없는 존재의 가벼움』을 읽었으며, 3년 전 우리가 처음으로 떠난 여행지인 파리를 다녀와서는 까뮈의 『이방인』을 다시 읽었다.

  책을 읽기 위해서 여행을 가는 건지 여행의 즐거움을 위해 책을 읽는 건지 순서를 따질 수는 없지만, 여행을 준비하며 책을 읽는 일이나 여행 중에 책을 읽는것은 내게는 날이 쌀쌀해지면 입고 싶은, 착용감 좋고 보온성이 좋은 내복과도 같다.

  작년 프라하 여행지에서는 호텔방 스탠드에 기대어 루이저 린저의 『생의 한가운데』를 읽었다. 파리의 숙소에 비해 프라하의 숙소인 악센트 호텔의 조도는 책을 읽기에 불편함이 없었다. 프라하 성을 걷다가도 잠시 쉴 수 있는 곳이 나타나면 아픈 다리를 주무르며 책을 펼쳤다. 니나의 치열한 삶 속에 나를 놓아두기도 했다. 지금-여기 이 순간이 얼마나 고맙고 안전한지, 소설 속 인물들의 치열한 상황에 잠시 넋을 놓기도 했다.

  살아있다는 생생함은 자기 경계를 벗어난 호흡이다. 일상의 영역이 점점 자동화되어가는 나를, 낯선 환경 속에 던져두고서 길에서, 프라하 성에서, 이국 도시의 카페에 앉아서 책을 읽고 있을 때는 '그래 그래, 좋아 좋아' 라고 말해주는 것 같았다. 마드리드에서 프라도 미술관 관람을 위해 티켓을 구매했다. 입장을 기다리고 있는 줄은 길었다. 그 긴 줄에 서서 나는 『사랑의 완성』을 읽었다. 최고의 집중이었다. 딸들이 보내온 카톡 표현대로 쓰자면 '간지 쩔-' 이었다.

– 우리 육체에는 은밀하게 감추어져 있는 죽을 각오를 하지 않고서는 그 누구도 볼 수 없는 곳이 있다. 이곳은 오로지 한 사람만 볼 수 있다.

노란 형광펜으로 밑줄이 그어져 있다. 눈길이 머문다. 은밀하게 감추어진 비밀. 죽을 각오를 하지 않고서는 그 누구도 볼 수 없는 그곳은 어쩌면 진정한 사랑을 하는 자만이 그곳에 머무를 수 있다는 것이 아닐까.

작가 로베르트 무질은 어머니의 부적절한 관계와 그 문제를 풀기 위해 많은 시간을 보냈다

그는 개인적인 글쓰기를 통해 시대의 문제를 개인의 정서 속에 녹여내 소설로 완성하고자 하는 작가였다. 작가에게는 불행한 과거사일 수 있겠지만, 글을 쓰는 작가에게 고통 속에 놓였던 개인의 과거는 그만큼 좋은 자산이 없을 것이다. 내밀한 곳에서 끊임없이 올라오는 충동, 쓰지 않고는 못 배기는 그 느낌으로 글을 쓰면서 상처든 열망이든 미래든 무엇으로 표현하든 그 작업을 하는 것은 작가에게도 작품을 보는 독자에게도 치유의 과정이기도 하니 말이다.

내면의 속살을 드러낼 수 있는 관계, 자신의 무의식적 경계를 허물어 자신도 미처 알아차리지 못한 중요한 그 무엇을 그대로 보여도 좋을 수 있는 관계를 무질은 소설 속에서 이야기하고자 한 것은 아닐까? 사랑한다는 이름으로 잠시 가능할 수는 있지만, 작가의 말처럼 죽음을 각오하지 않고서 그 도전이 가능할까? 기간을 정해두고 사랑을 하는 것은 아니지만, 우리는 누가 알려주지 않아도 뜨거웠던 감정은 식는다는 것을, 각자의 유통기간이 있다는 것을 잘 알고 있다. 얼마 동안 얼마만큼 없이 우리는 상대를 사랑할 수 있을까? 어디까지 서로에게 침입을 허용할 수 있을까?

　나에게는 여행 중 책을 읽는 시간은 안전망 같은 거다. 아무리 친히다고 해도 열흘 동안 한 공간에서 먹고 자고 24시간을 같이 지내다 보면 어느 지점에서는 내면에서 잔잔한 충돌이 생겨나기 마련이다. 책을 펼치면 같은 공간에 있음에도 불구하고 점차 책 속으로 나를 데려가 오롯이 나만의 시공 속에 있다는 느낌을 주며 소설 속 나만의 방으로 데려가 한두 시간을 쉴 수 있게 해준다.

　때마침 선경이가 밤 산책을 제안한다. 밤이라고 하기에는 세비야의 8시는 대낮처럼 환하다. 나는 책을 덮어 탁자 위에 두고 그녀들을 따라 숙소를 나선다. 다시 꼬불꼬불한 미로 같은 키스 골목을 돌아 무일로 공원을 걸쳐 스페인 광장으로 우리는 산책코스를 잡았다. 숙소로 돌아오는 길에 작고 느낌 있는 카페에서 맥주 한 잔을 마실 수 있겠지. 맥주잔을 부딪치며 그 동안 마음 끓인 이야기를 해봐도 좋겠지.

내 이름은
튤립

나는 사람들로부터 받은 상처로 괴로운 사람들, 자신의 의도와는 무관하게 트라우마를 경험하는 사람들, 그래서 새롭게 살아가고자 하는 사람들을 만나는 일을 한다. 가정폭력 피해 경험으로 고통스러운 처지에 놓인 사람들과 집단상담 프로그램을 진행한다. 나는 그 자리에서 별칭을 정하는 경우가 있다.

서로가 서로에게 어울리는 별칭을 지어주기도 하고 이미 사용하고 있는 별칭이 있다면 그 별칭으로 부르기도 한다. 나는 프로그램 속에서 별칭이 주는 새로움과 안전함 그리고 수평적인 관계를 경험하기도 한다.

며칠 전, 집단상담 프로그램을 진행하는 자리에서 나는 튤립이란 별칭을 받았다.

집단의 구성원들은 가정폭력 피해 여성들이었다. 그녀들의 이름은 장미이거나 라일락이거나 레몬이었다. 주로 꽃 이름이나 과일 이름, 식물의 이름을 별칭으로 사용하는 사람이 많았다. 민들레라는 별칭을 가진 분이 나에게 튤립이란 별칭을 주었다. 튤립으로 불리자 나의 머릿속에서는 화단에 줄지어 피어 있는 노랗고 빨간 튤립 꽃들이 떠올랐다. 별칭이 아주 마음에 들었다.

그런데, 유독 여성들은 왜 꽃 이름을 별칭으로 정할까? 문득 궁금했다. 만약에 남성들의 집단이었다면 식물의 이름을 자신의 별칭으로 정했을까? 추측해보건대, 그럴 리는 없을 것이다. 아마도 식물이름으로 별칭을 짓기보다는 동물이름으로 별칭을 짓지 않았을까? 사자님이나, 코끼리님, 혹은 치타님이란 이름으로 자신을 명명하지 않았을까? 일상생활에서 사소한 것에서부터 성역할 고정관념은 알게 모르게 우리의 내면에서 깊숙이 작동하고 있어 부지불식간에 성차별적인 발언이나 행동을 유발하는 경우가 많다.

그토록 오랜 시간 동안 여성들이 가정폭력을 당하고 살아온 이유는 무엇일까? 왜 그토록 지난한 세월을 견디며 살아온 걸까? 보통의 상식으로는 이해하기 어렵다. 그것은 지독히 나쁜 사람을 만났다거나, 그 대상(가해자)이 정신적인 질병이 있다거나 가정환경이 불우했다는 등으로 인한 폭력이 특수한 개인의 문제라고 인식하는 경우가 많다. 그래서인지 우리는 왜 그 폭력을 견디고 있었느냐고 가정폭력 피해를 당한 여성에게 먼저 묻는다. 그렇게 사는 것은 당신의 탓도 있다고 말하기를 주저하지 않는다. 폭력을 행사한 대상에게 어떻게 그런 폭력을 휘둘렀지에 관해 분노하지 않으며, 당장 그 폭력을 멈추라고 말하지 않는다.

무슨 일이 있더라도 가정을 지키는 것은 철저하게 여성의 몫으로 남아있다. 가족은 해체되어서는 안 된다는 사회적 통념이나 시선은 유독 여성을 향해 크고 작은 폭력을 참고 견디게 한다. 가정 폭력을 집안의 일로, 개인의 일로 인식하는 사회적 토양에서 폭력은 누구에게나 일어날 수 있는 일이 된다. 법은 여전히 힘 있는 편에서 해석된다.

향기 나는 예쁜 꽃들이 눈에 들어오듯 사람도 사람답게 살고자 한다. 더 평화롭게 살고자 한다. 이 평화로움을 누구 한쪽에서만 감당해야 한다면 이 또한 폭력에 다름 아니다. 일방적으로 누구 한 사람만 참으면 평안해질 수 있다는 생각은 가장 사랑하는 사람을 억압하는 일이다. 우리는 모두 자기답게 살 권리가 있다. 자기답게 산다는 것은 자신의 향기와 빛깔로 자신의 존재를 알리며 활짝 피어나는 일일 것이다.

내 이름은 튤립이다. 나는 튜울~립 꽃으로 그녀들과 함께 그녀들 곁에서 피어나고 싶다. 그녀들이 각자의 빛깔과 향기로 그 바람의 감촉을 느끼며 자유로이 비상하는 날을 상상해 본다.

엽서

나는 일 년에 한번 엽서를 쓴다. 여행지에 도착하면 이상하게 두고 온 일상이 생각난다. 그래서일까? 가까이 지낸 사람들에게 마음을 담아 엽서를 쓴다. 떠난 지 며칠이 되지 않았음에도 낯선 땅에 발이 닿으면 두고 온 곳으로 그리움이나 애틋함, 고마움이 재빨리 자리를 차지한다.

세상이 빠르게 돌아가고, 세상을 움직이는 코드들이 디지털로 변환되면서 엽서를 쓰는 일은 이제 '응답하라' 드라마 시리즈에서나 볼 수 있는 추억이 되어버렸다. 인터넷이 발달하다 보니 굳이 기다려서 누군가에게 자신의 소식을 전하는 일은 유행이 한참 지난 옷을 애써 꺼내 입는 꼴이 되어버린 것 같다.

우리는 각종 단체 카톡방에서 필요한 정보를 나누고 특별한 날을 기념하고 감정을 나누기도 한다. 그러나 나는 아직도 생일 같은 특별한 날에는, 손편지 쓰는 일을 즐긴다. 그리고 쓰는 손편지에 그치지 않고 또 받기를 고집한다. 아이들이 어렸을 때는 어버이날이나 생일날에는 그래도 종종 삐뚤삐뚤한 글씨로 쓴 손편지나 생일카드를 받았다. 몇 줄 되지 않는 생일카드를 받는 일도 이제 온라인으로 전달되는 이모티콘으로 대체되어 버렸다. 나는 아이들에게 애원하다시피, 때로는 강요하다시피, 엄마의 절박함을 내비치고서야 겨우 아이들의 솔직한 마음이 담긴 손편지를 받는다. 아이들이 써준 편지나 카드, 엽서는 내 마음 창고에 차곡차곡 쌓여 있다. 이것은 통장의 잔고보다도 내게는 소중한 자산이다.

올해도 여행지에서 나는 엽서를 썼다. 아이들에게, 가까운 친구들에게, 여행지에서 산 그림엽서에 그 순간에 느끼는 감상을 담아 엽서를 써 보냈다. 엄마가 엽서를 쓰다 보니 아이들도 여행을 가게 되면 엄마인 내게 엽서를 보낸다. 때로는 내가 엽서보다 먼저 돌아와 내가 보낸 엽서를 우편함에서 발견할 때면 마치 다시 여행지에 있는 듯, 에너지가 환기된다. 보낸 사람보다 늦게 도착한 엽서를 읽는 일도 설레는 일이다.

살아오면서 우리는 많은 감정의 고비를 넘는다. 때로는 이대로 멈춰버렸으면 하는 심정으로 하루를 마감한 날들도 무수했으며, 내일이 오지 않기를 바라며 밤새 꿈속에서 피하고 싶은 그 시간을 되풀이하기도 한다. 그런 밤 나는 편지를 썼다. 불안한 마음이나 감당하기 어려운 걱정이 몰아칠 때 누군가에게 편지를 썼다. 딱히 대상이 있었던 것은 아니었다. 어쩌면 나를 보호하기 위해, 걱정의 파노라마를 누군가가 공감해 주기를 바랐는지도 모른다. 유의미한 타인에게 받고픈 긍정적인 피드백이 절실했는지도 모른다.

날이 쌀쌀해지고 가을이 깊어지면 나는 편지 보관함을 연다. 지나온 나의 행적을 다시 따라 걸으며 이 모든 것이 과정에 있다는 것을, 어느 한순간도 같은 모습으로 있지 않았다는 것을 체감한다.

편리함에 익숙해지다 보니 잊어버린 것들이 생각보다 많다. 누구를 생각하며 또박또박 마음을 담아 글을 쓰는 일, 잘 익은 과일을 한입 베어 물었을 때 느껴지는 단맛처럼 하루 중에 누군가를 떠올리며 쓰는 엽서는, 내 마음의 온도를 높여주며, 내 몸의 피가 골고루 돌게 하는 일이기도 하다.

참 잘한 일

그건 아무리 생각해봐도 두고두고 잘한 일이다.
'아, 그때 그렇게 했더라면, 아, 그때 그 일이 생기지 않았더라면' 자신을 긍정하기 위해 죽어라 살아낸 사람일수록 회한의 능선을 넘을 일은 많다. 오래전에, 어느 자리에서 나를 소개할 일이 있었다. 지금까지 살아오면서 내가 잘한 세 가지를 가지고 나를 소개하는 자리였다. 나는 그 순간 빠른 속도로 사십 평생을 되작거려 세 가지를 찾아내야 했다. 훈련된 탓도 있고, 생각이 많았던 터라 세 가지를 떠올리는 데에는 그리 시간이 걸리지 않았다.
아무리 생각해봐도 잘한 일, 그 첫 번째는 결혼이다.
괴로운 밤들이 평화로운 밤보다 많았으며, 물병에 오래 담긴 물을 쏟듯, 쏟아버리고 싶은 날들도 있었지만, 결혼은 행불행과는 상관없이 나에게 중요한 선물을 주었다. 산다는 것은 도망갈 수 없는 막다른 길이 있다는 것을 알게 해 주었다. 나와는 완벽하게 다른 중요한 타인을 일상적으로 마주하며 살아가야 하는 일, 내편이라고 생각한 사람이 내 마음 같지 않은 장면을 실시간으로 마주하는 일, 그 생생한 실감은 어이없게도 책임감이란 가치를 내 몸에 새겨 주었다.

아무리 생각해봐도 잘한 일, 두 번째는 딸아이 셋을 낳은 것이다. 아이들에게 질좋은 양육을 했느냐 못했느냐와 상관없이 나는 아이들과 조건 없는 사랑을 나눌 수 있었다. 대가를 바라지 않으며 내 자신을 던져서 사랑한다는 것, 나를 다 내어주어도 하나도 아깝지 않은 그 느낌은 이제야 비로소 두 발을 땅에 두고 서 있는 기분을 주었다. 도망 다니거나 회피함 없이 같이 피부를 맞대고 실제로 하루를 온전히 나를 필요로 하는 아이들을 보면서 나는 비로소 안정감을 느낄 수 있었다. 이상한 일이다. 죽도록 힘들었고 내 욕구를 이차적으로 두어야 했음에도 아이들이 내게 주는 충만감은 나를 성숙시키기에 충분한 조건을 마련해 주었다.

그리고 아무리 생각해도 잘한 일, 세 번째는 유급 직업을 가졌다는 것이다. 내가 벌어서 내가 먹고살 수 있는 일을 했다는 것이다. 누군가에게 경제적으로 의존하지 않고 스스로 내 자신을 책임지며 뭉개고 싶은 마음에

지지 않고 그럴수록 더 굳건히 내 일을 더 치열하게 재미있게 했다는 것이다. 내가 하는 일에 대한 자부심은 결국 나를 성장시킬 수밖에 없다는 것을 알았으며, 나의 성장은 가까운 사람들의 성장으로 선순환이 되어 나를 더 풍요롭게 했다.

그리고 나는 5년 전, 아무리 생각해봐도 잘한 네 번째 일 하나를 추가했다. 친구들과 여행을 시작했다는 것이다. 나는 중독수준으로 일을 했다. 나는 일할 때 행복했고 성취감도 컸다. 일하면서 충족되는 만족감은 나를 지칠 수도 없게 했다. 그렇게 달렸다. 필요한 것이 휴식이었음에도 나는 쉬지 않았다. 스스로가 쉴 수 없는 여러 이유를 생산해내며 나에게 혹독하게 굴었다. 타인에게는 관대해지려 하면서 자신에게는 더없이 인색했다. 그래서 나는 결정했다. 일 년의 시간 중 그냥 하염없이 걷거나 듣거나 자거나 웃거나 하는 열흘을 나에게 주자. 내가 가보고 싶었던 곳을 가보는 것, 그곳에서 살아보는 것, 오랜 시간을 함께해 온 친구들과 섬세하게 우정을 경험해가는 것, 더 머물 수 없는 안타까움을 뒤로 하며 일상으로 돌아올 때의 짜릿함까지.

그것은 아무리 생각해봐도 두고두고 내가 최고로 잘한 일들이었다.

오정란 산문집 **명랑 과부**

펴낸날 2018년 12월 24일
지은이 오정란
펴낸이 윤영진
편 집 함순례
디자인 한천규

펴낸곳 도서출판 심지
등록번호 제2003-000014호
주소 대전광역시 동구 대전천북로 12
전화 042) 635-9942
팩스 042) 635-9941
전자우편 simji42@hanmail.net

ISBN 978-89-6627-165-8 03810
값 15,000원

* 저자와의 협의에 의해 인지를 생략합니다
* 이 책 내용의 전부 또는 일부를 재사용하려면 저자의 동의를 받아야 합니다